中高生のための
国際理解を深める本

ヤングアダルト
BOOKS4

はじめに

　本書は、中学・高校生が国際社会を学び、理解を深めるための本を探せるように企画した索引です。

　世界にはさまざまな文化や価値観があり、国と国の関係も時代とともに変化しています。ニュースで耳にする国際情勢、外交、貿易、環境問題、人権問題などは、すべて私たちの暮らしと深く関わっています。しかし、「国際問題についてもっと知りたい」「異文化を理解したい」「世界の経済や政治のしくみを学びたい」「環境や人権のために自分にできることを考えたい」と思っても、どこから学べばよいのか迷うこともあるでしょう。

　本書は、そうした関心や疑問に応えるために、国や地域ごとの文化や歴史、世界の政治や経済、環境問題、人権や戦争と平和など、国際的な視点で考えるための幅広いテーマを取り上げ、それに関連する本を探しやすく整理しています。皆さんが気になるテーマやキーワードから、知識を深めるための本を見つけ、視野を広げる手助けとなれば幸いです。

　国際理解を深めることは、広い視野を持ち、自分の生き方や未来を考えることにもつながります。本書をきっかけに、新たな発見や学びが生まれ、皆さんがよりよい未来を築くための一歩を踏み出すことを願っています。それぞれの目標に向かう道のりを応援する一冊となれば幸いです。

2025年3月

DBジャパン編集部

本書の使い方

1. 本書の内容

　本書は、中・高校生を中心とするヤングアダルト世代向けの国際理解について深められる本を探せるように企画した索引です。「国際理解を深める」「世界の環境や国際協力を知る」「国際問題について知る」「国際的な機関や組織を知る」「国際関係の学問や教育を知る」に分類して、さらに細かく分けています。

2. 採録の対象

　2010年（平成22年）〜2023年（令和5年）の14年間に国内で刊行されたヤングアダルト向けの国際理解、世界の環境、国際問題などに関連する作品1,393冊を収録しています。

3. 記載している項目

本の書名 / 作者名;訳者名/ 出版者（叢書名）/ 刊行年月

【例】
国際理解を深める＞外交
「高校生にも読んでほしい平和のための安全保障の授業」佐藤正久著 ワニブックス 2019年6月
「国境は誰のためにある？：境界地域サハリン・樺太―歴史総合パートナーズ；10」中山大将著 清水書院 2019年12月
「中高生から始める安全保障の入門書」松島悠佐編著 内外出版 2019年5月

1) 差別用語という見解がある分類も存在しますが、原則、検索性を重視した表現としています
2) 作品のタイトルやシリーズ名等に環境依存文字が使用されている場合、環境依存文字を使わずに表現していることもあります。

4. 排列について

1) テーマ・ジャンル別大分類見出しの下は中・小・細分類見出しの五十音順。
2) テーマ・ジャンル別中・小・細分類見出しの下は本の書名の英数字・記号→ひらかな・カタカナの五十音順→漢字順。

5. 収録作品名一覧

巻末に索引の対象とした作品名一覧を掲載。
（並び順は作者の字順→出版社の字順排列としています。）

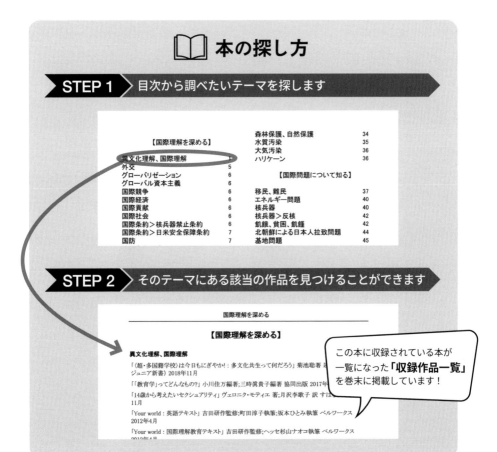

テーマ・ジャンル別分類見出し目次

【国際理解を深める】

異文化理解、国際理解	1
外交	5
グローバリゼーション	6
グローバル資本主義	6
国際競争	6
国際経済	6
国際貢献	6
国際社会	6
国際条約＞核兵器禁止条約	6
国際条約＞日米安全保障条約	7
国防	7
国家安全保障	8
COP10	9
G7、G8（主要国首脳会議）	9
オリンピック、パラリンピック	9
世界・国際情勢	9
世界遺産	14
世界の政治・経済	15
世界の地理	18
世界の文化	19
TPP（環太平洋パートナーシップ）	21
NATO（北大西洋条約機構）	21
ノーベル賞	21
パリ協定	21
貿易	21
輸出	22

【世界の環境や国際協力を知る】

エコロジー	23
SDGs（持続可能な開発目標）	23
海洋汚染	26
環境汚染	28
環境保全	28
気候変動	28
希少種、稀少種	29
国際協力	29
再生可能エネルギー	31
砂漠化	33
酸性雨	34
森林保護、自然保護	34
水質汚染	35
大気汚染	36
ハリケーン	36

【国際問題について知る】

移民、難民	37
エネルギー問題	40
核兵器	40
核兵器＞反核	42
飢餓、貧困、飢饉	42
北朝鮮による日本人拉致問題	44
基地問題	45
国際問題一般	45
児童労働	45
宗教問題	46
食品ロス	46
植民地	47
食糧問題、食糧危機	47
地雷	49
人権、差別、偏見	49
人権、差別、偏見＞人種差別	51
人権、差別、偏見＞性差別	52
人種主義、レイシズム	53
人身売買	53
ストリートチルドレン	54
スラム街	54
性暴力	54
戦争＞慰安婦	54
戦争＞空襲	55
戦争＞国際紛争	56
戦争＞少年兵	56
戦争＞戦災孤児	57
戦争＞戦争一般	57
戦争＞戦争の放棄	67
戦争＞疎開	67
戦争＞第二次世界大戦	68
戦争＞地域紛争	68
戦争＞中国残留孤児、中国残留婦人	69
戦争＞独立戦争	69
戦争＞ひめゆり学徒隊	70

戦争＞捕虜	70
脱北	70
内戦	70
迫害	71
発展途上国、開発途上国	72
パレスチナ問題	72
ヘイトスピーチ	72
亡命	72
密輸、密漁	72
南シナ海問題	73
領土問題	73

【国際的な機関や組織を知る】

ILO（国際労働機関）	75
IOC（国際オリンピック委員会）	75
ICAN（核兵器廃絶国際キャンペーン）	75
ASEAN（東南アジア諸国連合）	75
EC（欧州共同体）	75
EU（欧州連合）	75
国際公務員	76
国際連合	76
国際連盟	78
国境なき医師団	78
CIS（独立国家共同体）	78
JAXA（宇宙航空研究開発機構）	78
セーブ・ザ・チルドレン	79
赤十字社	79
WTO（世界貿易機関）	79
WHO（世界保健機関）	79
NASA（アメリカ航空宇宙局）	80
UNHCR（国連高等難民弁務官事務所）	80
UNICEF（国際連合児童基金）	80
UNESCO（国際連合教育科学文化機関）	81

【国際関係の学問や教育を知る】

英会話	82
英語、外国語	83
英作文、ライティング	87
言語学	87
国際化学オリンピック	88
国際数学オリンピック	88
国際生物学オリンピック	88
社会科学	88
シャドーイング	89
政治学	89
世界の教育	89
地域学	89
地政学	89
中国語	90
朝鮮語、韓国語	90
地理学	91
ビジネス英語	91
法学、法律学	91
翻訳	91
民俗学	92
リーディング	92
リスニング	92
留学	92
留学生	93
ロシア語	93

【国際理解を深める】

異文化理解、国際理解

「〈超・多国籍学校〉は今日もにぎやか!：多文化共生って何だろう」菊池聡著 岩波書店（岩波ジュニア新書）2018年11月

「「教育学」ってどんなもの?」小川佳万編著;三時眞貴子編著 協同出版 2017年8月

「14歳から考えたいセクシュアリティ」ヴェロニク・モティエ 著;月沢李歌子 訳 すばる舎 2022年11月

「Your world：英語テキスト」吉田研作監修;町田淳子執筆;坂本ひとみ執筆 ベルワークス 2012年4月

「Your world：国際理解教育テキスト」吉田研作監修;ヘッセ杉山ナオコ執筆 ベルワークス 2012年4月

「あなたを閉じこめる「ずるい言葉」：10代から知っておきたい」森山至貴著 WAVE出版 2020年8月

「おもしろ大発見!世界スゴすぎ事典」須藤健一監修 池田書店 2020年10月

「クスクスの謎：人と人をつなげる粒パスタの魅力—平凡社新書」にむらじゅんこ著 平凡社 2012年1月

「スポーツからみる東アジア史：分断と連帯の20世紀」高嶋航著 岩波書店（岩波新書新赤版）2021年12月

「スポーツでひろげる国際理解 1」中西哲生監修 文溪堂 2018年3月

「スポーツでひろげる国際理解 2」中西哲生監修 文溪堂 2018年3月

「スポーツでひろげる国際理解 3」中西哲生監修 文溪堂 2018年2月

「スポーツでひろげる国際理解 4」中西哲生監修 文溪堂 2018年3月

「スポーツでひろげる国際理解 5」中西哲生監修 文溪堂 2018年3月

「せかいのトイレ：たのしくて、う〜んとタメになる!：教科書にはのっていない!せかいのふしぎ」ERIKO著;佐藤満春監修;寺崎愛イラスト 日本能率協会マネジメントセンター 2019年11月

「それ日本と逆!?文化のちがい習慣のちがい 6（アレコレ資料編）」須藤健一監修 学研教育出版 2012年2月

「トルコから世界を見る：ちがう国の人と生きるには?」内藤正典著 筑摩書房（ちくまQブックス）2022年10月

「なぜ世界を知るべきなのか」池上彰著 小学館（小学館YouthBooks）2021年7月

「なぜ日本の教育は間違うのか：復興のための教育学」森口朗著 扶桑社（扶桑社新書）2012年3月

国際理解を深める

「はじめよう!ボランティア 4」長沼豊監修 廣済堂あかつき 2018年3月

「パックンのAre you a国際人?」パトリック・ハーラン著 毎日新聞社 2013年3月

「ブラジル人の処世術:ジェイチーニョの秘密―平凡社新書」武田千香著 平凡社 2014年6月

「ぼくらは壁を飛びこえて:サーカスでつながる人種・民族・宗教」シンシア・レヴィンソン著;金原瑞人訳 文溪堂 2016年12月

「まんがクラスメイトは外国人 課題編」「外国につながる子どもたちの物語」編集委員会編;みなみななみまんが 明石書店 2020年2月

「まんがクラスメイトは外国人 課題編 第2版」「外国につながる子どもたちの物語」編集委員会編;みなみななみ まんが 明石書店 2022年4月

「まんがクラスメイトは外国人 入門編 (はじめて学ぶ多文化共生)」「外国につながる子どもたちの物語」編集委員会編;みなみななみまんが 明石書店 2013年6月

「ミサってなあに」パトリシア・エドワード・ジャブロンスキー文;メアリー・エリザベス・テボ文;マーニー・ギャラガー・コール絵;女子パウロ会訳 女子パウロ会 2019年5月

「メンタルヘルス大国アメリカで実証された心がモヤらない練習 = Exercise not to be gloomy that was proved in The U.S. of the mental health powerhouse.―sanctuary books」須田賢太著;まるいがんもマンガ サンクチュアリ出版 2023年2月

「もっと調べる世界と日本のつながり 1」井田仁康監修 岩崎書店 2020年3月

「もっと調べる世界と日本のつながり 2」井田仁康監修 岩崎書店 2020年3月

「もっと調べる世界と日本のつながり 3」井田仁康監修 岩崎書店 2020年1月

「もっと調べる世界と日本のつながり 4」井田仁康監修 岩崎書店 2020年3月

「もっと調べる世界と日本のつながり 5」井田仁康監修 岩崎書店 2020年3月

「やさしい日本語:多文化共生社会へ」庵功雄著 岩波書店(岩波新書新赤版) 2016年8月

「ヨーロッパ思想を読み解く:何が近代科学を生んだか」古田博司著 筑摩書房 2014年8月

「異文化コミュニケーション学」鳥飼玖美子著 岩波書店(岩波新書新赤版) 2021年7月

「映画のなかの学びのヒント」梶井一暁著 岐阜新聞社 2014年7月

「欧米人の見た開国期日本:異文化としての庶民生活」石川榮吉著 KADOKAWA(角川ソフィア文庫) 2019年9月

「家族はチームだ!もっと会話しろ:日本のいいところを知っておこう」齋藤孝著 PHP研究所(齋藤孝のガツンと一発文庫) 2010年1月

「外国人が教えてくれた!私が感動したニッポンの文化:子どもたちに伝えたい!仕事に学んだ日本の心 第3巻 (人と人とをつなぐ「人」!ニッポン社会で大活躍)」ロバートキャンベル監修 日本図書センター 2015年2月

「学研英語ノートパーフェクト 4」樋口忠彦監修 学研教育出版 2010年2月

国際理解を深める

「楽しく調べよう!身近な国際交流 下巻」あかつき教育図書 2022年3月

「楽しく調べよう!身近な国際交流 上巻」あかつき教育図書 2022年2月

「教養として学んでおきたい哲学」岡本裕一朗著 マイナビ出版(マイナビ新書) 2019年6月

「高校生のためのアフリカ理解入門:お互いに学び合い、助け合うために」秋田市立秋田商業高等学校ビジネス実践・ユネスコスクール班編 アルテ 2010年10月

「国際理解につながる宗教のこと 1」池上彰監修 教育画劇 2017年2月

「国際理解につながる宗教のこと 2」池上彰監修 教育画劇 2017年4月

「国際理解につながる宗教のこと 3」池上彰監修 教育画劇 2017年4月

「国際理解につながる宗教のこと 4」池上彰監修 教育画劇 2017年4月

「今、世界はあぶないのか?文化と多様性―評論社の児童図書館・絵本の部屋」マリー・マーレイ文;ハナネ・カイ絵;大山泉訳 評論社 2020年10月

「最初の復活祭」クリスティーナ・カライ・ナギー絵;ベサン・ジェームズ文;サンパウロ訳 サンパウロ 2015年9月

「産業社会と人間:よりよき高校生活のために 3訂版」服部次郎編著 学事出版 2014年2月

「私、日本に住んでいます」スベンドリニ・カクチ著 岩波書店(岩波ジュニア新書) 2017年10月

「私の職場はサバンナです!―14歳の世渡り術」太田ゆか著;児島衣里イラスト 河出書房新社 2023年5月

「女たちの韓流:韓国ドラマを読み解く」山下英愛著 岩波書店(岩波新書新赤版) 2013年5月

「情熱でたどるスペイン史」池上俊一著 岩波書店(岩波ジュニア新書) 2019年1月

「人が人を裁くということ」小坂井敏晶著 岩波書店(岩波新書新赤版) 2011年2月

「人を見捨てない国、スウェーデン」三瓶恵子著 岩波書店(岩波ジュニア新書) 2013年2月

「人生を豊かにしたい人のための世界遺産」宮澤光著 マイナビ出版(マイナビ新書) 2022年3月

「水滸伝に学ぶ組織のオキテ―平凡社新書」稲田和浩著 平凡社 2018年4月

「世界に感動をあたえた日本人 上」評論社編集 評論社 2017年4月

「世界に通じるマナーとコミュニケーション:つながる心、英語は翼」横手尚子著;横山カズ著 岩波書店(岩波ジュニア新書) 2017年7月

「世界のすてきな先生と教え子たち 1 (太平洋の島国と東・東南・中央アジア諸国)」井上直也写真・文 国土社 2015年6月

「世界の王室うんちく大全―平凡社新書」八幡和郎著 平凡社 2013年6月

「世界の家世界のくらし:SDGsにつながる国際理解 1」ERIKO著 汐文社 2020年10月

「世界の家世界のくらし:SDGsにつながる国際理解 2」ERIKO著 汐文社 2021年1月

国際理解を深める

「世界の家世界のくらし：SDGsにつながる国際理解 3」ERIKO著 汐文社 2021年1月

「世界の外あそび学じてん」こどもくらぶ編さん 今人舎 2019年5月

「世界の教科書でよむ〈宗教〉」藤原聖子著 筑摩書房（ちくまプリマー新書）2011年7月

「世界の国旗がわかる―ドラえもんの学習シリーズ．ドラえもんの社会科おもしろ攻略」藤子・F・不二雄キャラクター原作 小学館 2015年6月

「世界の国名地名うんちく大全―平凡社新書」八幡和郎著 平凡社 2010年12月

「世界の人びとに聞いた100通りの平和 シリーズ1（中東編）」伊勢崎賢治監修;岬場よしみ著;八木絹著 かもがわ出版 2015年10月

「世界の文字の書き方・書道 2（世界の文字と書き方・アラビア書道）」稲葉茂勝著;こどもくらぶ編 彩流社 2015年9月

「世界の文字の書き方・書道 3（漢字文化圏のいろいろな書道）」稲葉茂勝著;こどもくらぶ編 彩流社 2015年11月

「世界はジョークで出来ている」早坂隆著 文藝春秋（文春新書）2018年6月

「世界を動かす「宗教」と「思想」が2時間でわかる―青春新書INTELLIGENCE」蔭山克秀著 青春出版社 2016年5月

「世界を動かす聖者たち：グローバル時代のカリスマ―平凡社新書」井田克征著 平凡社 2014年3月

「世界中の子どもの権利をまもる30の方法：だれひとり置き去りにしない!」国際子ども権利センター編;甲斐田万智子編;荒牧重人監修 合同出版 2019年10月

「世界珍食紀行」山田七絵編 文藝春秋（文春新書）2022年7月

「生き方の演習：若者たちへ」塩野七生著 朝日出版社 2010年10月

「青い目の人形の物語：Dolls of Friendship Between Japan and America」山崎直樹著;清水正著 ほおずき書籍 2012年11月

「台湾の若者を知りたい」水野俊平著 岩波書店（岩波ジュニア新書）2018年5月

「地球の仲間たち：スリランカ/ニジェール」開発教育を考える会編 ひだまり舎 2019年8月

「中学道徳1きみがいちばんひかるとき」今道友信監修;関根清三監修;荒畑美貴子編;小川信夫編;上條さなえ編;近藤精一編;杉中康平編;竹田敏彦編;三宅健次編;渡邊弘編;光村図書出版株式会社編集部編 光村図書出版 2014年

「中国のエリート高校生日本滞在記」張雲裳;人見豊編著 日本僑報社 2011年10月

「同級生は外国人!?：多文化共生を考えよう 1」松島恵利子編著;吉富志津代監修 汐文社 2018年1月

「同級生は外国人!?：多文化共生を考えよう 2」松島恵利子編著;吉富志津代監修 汐文社 2018年3月

国際理解を深める

「同級生は外国人!?：多文化共生を考えよう 3」松島恵利子編著;吉富志津代監修 汐文社 2018年3月

「日本とベルギー：交流の歴史と文化」岩本和子編著;中條健志編著;石部尚登ほか著 松籟社 2023年12月

「日本はなぜ世界で認められないのか：「国際感覚」のズレを読み解く—平凡社新書」柴山哲也著 平凡社 2012年4月

「聞いてみました!日本にくらす外国人 1」佐藤郡衛監修 ポプラ社 2018年4月

「聞いてみました!日本にくらす外国人 2」佐藤郡衛監修 ポプラ社 2018年4月

「聞いてみました!日本にくらす外国人 3」佐藤郡衛監修 ポプラ社 2018年4月

「聞いてみました!日本にくらす外国人 4」佐藤郡衛監修 ポプラ社 2018年4月

「聞いてみました!日本にくらす外国人 5」佐藤郡衛監修 ポプラ社 2018年4月

「変わる中国を読む50のキーワード—青春新書INTELLIGENCE」浅井信雄著 青春出版社 2012年11月

「毎日がつまらない君へ—10分後に自分の世界が広がる手紙．学校がもっとすきになるシリーズ」佐藤慧著 東洋館出版社 2021年3月

「旅に出よう：世界にはいろんな生き方があふれてる」近藤雄生著 岩波書店(岩波ジュニア新書) 2010年4月

「林家三平のみんなが元気になる英語落語入門—学校寄席に挑戦!」大島希巳江監修;こどもくらぶ編・著 彩流社 2016年1月

「話す・聞く・つながるコミュニケーション上手になろう! 2」藤野博監修;松井晴美イラスト 旬報社 2021年1月

外交

「13歳からの「くにまもり」」倉山満著 扶桑社(扶桑社新書) 2019年10月

「13歳からの日本外交：それって、関係あるの!?」孫崎享著 かもがわ出版 2019年4月

「4つの視点から考える戦争と平和：被害・加害・戦争推進協力・反戦抵抗」内田準吉著 ウインかもがわ(平和学習の本) 2019年4月

「エヴァンジェリカルズ：アメリカ外交を動かすキリスト教福音主義」マーク・R・アムスタッツ著;加藤万里子訳 太田出版(ヒストリカル・スタディーズ) 2014年11月

「高校生にも読んでほしい平和のための安全保障の授業」佐藤正久著 ワニブックス 2019年6月

「国境は誰のためにある?：境界地域サハリン・樺太—歴史総合パートナーズ；10」中山大将著 清水書院 2019年12月

「中高生から始める安全保障の入門書」松島悠佐編著 内外出版 2019年5月

国際理解を深める

「和解は可能か：日本政府の歴史認識を問う」内田雅敏著 岩波書店（岩波ブックレット）2015年8月

グローバリゼーション

「11人の考える日本人：吉田松陰から丸山眞男まで」片山杜秀著 文藝春秋（文春新書）2023年2月

「グローバリズムが世界を滅ぼす」エマニュエル・トッド著;ハジュン・チャン著;柴山桂太著;中野剛志著;藤井聡著;堀茂樹著 文藝春秋（文春新書）2014年6月

「グローバリゼーションの中の江戸―〈知の航海〉シリーズ」田中優子著 岩波書店（岩波ジュニア新書）2012年6月

グローバル資本主義

「グローバリズムが世界を滅ぼす」エマニュエル・トッド著;ハジュン・チャン著;柴山桂太著;中野剛志著;藤井聡著;堀茂樹著 文藝春秋（文春新書）2014年6月

「グローバル資本主義と日本の選択：富と貧困の拡大のなかで」金子勝著;橘木俊詔著;武者陵司著 岩波書店（岩波ブックレット）2010年3月

国際競争

「世界はなぜ月をめざすのか：月面に立つための知識と戦略」佐伯和人著 講談社（ブルーバックス）2014年8月

国際経済

「世界史を変えた詐欺師たち」東谷暁著 文藝春秋（文春新書）2018年7月

「通貨「円」の謎」竹森俊平著 文藝春秋（文春新書）2013年5月

国際貢献

「ボランティアをやりたい!：高校生ボランティア・アワードに集まれ」さだまさし編;風に立つライオン基金編 岩波書店（岩波ジュニア新書）2019年12月

「人類を幸せにする国・日本」井沢元彦著 祥伝社（祥伝社新書）2010年11月

国際社会

「世界の片隅で日本国憲法をたぐりよせる」大門正克著 岩波書店（岩波ブックレット）2023年3月

国際条約＞核兵器禁止条約

「核兵器を禁止する」川崎哲著 岩波書店（岩波ブックレット）2014年8月

「核兵器禁止から廃絶へ」川崎哲著 岩波書店（岩波ブックレット）2021年12月

国際理解を深める

国際条約＞日米安全保障条約

「日米安保Q&A：「普天間問題」を考えるために」「世界」編集部編;水島朝穂著;古関彰一著;屋良朝博著;明田川融著;前泊博盛著;久江雅彦著;半田滋著 岩波書店(岩波ブックレット) 2010年9月

国防

「「領土問題」の論じ方」新崎盛暉著;岡田充著;高原明生著;東郷和彦著;最上敏樹著 岩波書店(岩波ブックレット) 2013年1月

「13歳からの「くにまもり」」倉山満著 扶桑社(扶桑社新書) 2019年10月

「13歳から考える戦争入門：なぜ、戦争はなくならないのか?」長谷川敦著;増田ユリヤ監修;かみゆ歴史編集部編 旬報社 2023年12月

「14歳からのリアル防衛論」小川和久著 PHP研究所 2010年2月

「4つの視点から考える戦争と平和：被害・加害・戦争推進協力・反戦抵抗」内田準吉著 ウインかもがわ(平和学習の本) 2019年4月

「AI時代の新・地政学」宮家邦彦著 新潮社(新潮新書) 2018年9月

「F-15Jの科学：日本の防空を担う主力戦闘機の秘密」青木謙知著;赤塚聡ほか写真 SBクリエイティブ 2015年10月

「アジア血風録」吉村剛史著 エムディエヌコーポレーション(MdN新書) 2021年4月

「ウクライナ戦争はなぜ終わらないのか：デジタル時代の総力戦」高橋杉雄編著 文藝春秋(文春新書) 2023年6月

「どう考える?憲法改正 中学生からの「知憲」2」谷口真由美監修 文溪堂 2017年3月

「なぜ必敗の戦争を始めたのか：陸軍エリート将校反省会議」半藤一利編・解説 文藝春秋(文春新書) 2019年2月

「ペンタゴンの頭脳：世界を動かす軍事科学機関DARPA」アニー・ジェイコブセン著;加藤万里子訳 太田出版 2017年4月

「まるわかり!日本の防衛：はじめての防衛白書」防衛省大臣官房広報課防衛白書事務室著 日経印刷全国官報販売協同組合 2023年8月

「まんがで読む防衛白書 平成22年版」吉岡佐和子編集;松山セツイラスト 防衛省 2011年7月

「まんがで読む防衛白書 平成23年版」吉岡佐和子著;防衛省監修;MCHイラスト 防衛省 2012年3月

「まんがで読む防衛白書 平成25年版」防衛省著;山田典子著;梅田岳定著;黒澤雅則イラスト 防衛省 2014年3月

「まんがで読む防衛白書 平成26年版」防衛省 2015年3月

「科学者と軍事研究」池内了著 岩波書店 2017年12月

国際理解を深める

「科学者と戦争」池内了著 岩波書店 2016年6月

「航空自衛隊「装備」のすべて：「槍の穂先」として日本の空を守り抜く」赤塚聡著 SBクリエイティブ 2017年5月

「航空部隊の戦う技術：空を制する者が戦場を制する」かのよしのり著 SBクリエイティブ 2017年6月

「高校生にも読んでほしい安全保障の授業」佐藤正久著 ワニブックス 2015年8月

「高校生にも読んでほしい平和のための安全保障の授業」佐藤正久著 ワニブックス 2019年6月

「国境の日本史」武光誠著 文藝春秋（文春新書）2013年9月

「私たちと戦後責任：日本の歴史認識を問う」宇田川幸大著 岩波書店（岩波ブックレット）2023年2月

「集団的自衛権の深層—平凡社新書」松竹伸幸著 平凡社 2013年9月

「勝てないアメリカ：「対テロ戦争」の日常」大治朋子著 岩波書店（岩波新書新赤版）2012年9月

「世界を読み解く!こどもと学ぶなるほど地政学—DIA Collection」神野正史監修 ダイアプレス 2023年1月

「戦術の本質：戦いには不変の原理・原則がある」木元寛明著 SBクリエイティブ 2017年4月

「第三次世界大戦はもう始まっている」エマニュエル・トッド著;大野舞訳 文藝春秋（文春新書）2022年6月

「中学生から知りたいウクライナのこと—MSLive!BOOKS」小山哲著;藤原辰史著 ミシマ社 2022年6月

「中高生から始める安全保障の入門書」松島悠佐編著 内外出版 2019年5月

「日本人が知らない集団的自衛権」小川和久著 文藝春秋（文春新書）2014年12月

「僕たちの国の自衛隊に21の質問」半田滋著 講談社 2014年10月

国家安全保障

「20歳からの社会科」明治大学世代間政策研究所編 日本経済新聞出版社 2012年3月

「まるわかり!日本の防衛：はじめての防衛白書」防衛省大臣官房広報課防衛白書事務室著 日経印刷全国官報販売協同組合 2023年8月

「憲法九条は私たちの安全保障です。」梅原猛著;大江健三郎著;奥平康弘著;澤地久枝著;鶴見俊輔著;池田香代子著;金泳鎬著;阪田雅裕著 岩波書店（岩波ブックレット）2015年1月

「高校生にも読んでほしい安全保障の授業」佐藤正久著 ワニブックス 2015年8月

「高校生にも読んでほしい平和のための安全保障の授業」佐藤正久著 ワニブックス 2019年6月

国際理解を深める

「集団的自衛権と安全保障」豊下楢彦著;古関彰一著 岩波書店(岩波新書新赤版) 2014年7月

「地政学から戦争と平和を考える国際情勢と領土問題.[2]」国際地政学研究所監修 金の星社 2023年3月

「中高生から始める安全保障の入門書」松島悠佐編著 内外出版 2019年5月

「日本を守るため、明日から戦えますか?:13歳から考える安全保障」葛城奈海著 ビジネス社 2023年6月

「日本人が知らない集団的自衛権」小川和久著 文藝春秋(文春新書) 2014年12月

「日本人のための「集団的自衛権」入門」石破茂著 新潮社(新潮新書) 2014年2月

COP10

「生物多様性と私たち:COP10から未来へ」香坂玲著 岩波書店(岩波ジュニア新書) 2011年5月

G7、G8(主要国首脳会議)

「ニュースに出てくる国際組織じてん 3」池上彰監修 彩流社 2016年3月

「プーチンとG8の終焉」佐藤親賢著 岩波書店(岩波新書新赤版) 2016年3月

オリンピック、パラリンピック

「オリンピックに勝つ物理学:「摩擦」と「抵抗」に勝機を見出せ!」望月修著 講談社(ブルーバックス) 2012年7月

「ギネス世界記録 2019」クレイグ・グレンディ編;大木哲訳;海野佳南訳;片岡夏実訳;権田アスカ訳;藤村友子訳;會田真知子訳 角川アスキー総合研究所 2018年9月

世界・国際情勢

「「イスラム」を見れば、3年後の世界がわかる―青春新書INTELLIGENCE」佐々木良昭著 青春出版社 2012年5月

「「科学技術大国」中国の真実」伊佐進一著 講談社 2010年10月

「「共に生きる」ための経済学―平凡社新書」浜矩子著 平凡社 2020年9月

「13歳からの地政学:カイゾクとの地球儀航海」田中孝幸 著 東洋経済新報社 2022年3月

「13歳からの領土問題―13歳からのあなたへ」松竹伸幸著 かもがわ出版 2014年10月

「16世紀「世界史」のはじまり」玉木俊明著 文藝春秋(文春新書) 2021年4月

「20歳の自分に教えたい現代史のきほん」池上彰;「池上彰のニュースそうだったのか!!」スタッフ著 SBクリエイティブ(SB新書) 2022年5月

「2100年の世界地図:アフラシアの時代」峯陽一著 岩波書店(岩波新書新赤版) 2019年8月

国際理解を深める

「21世紀はどんな世界になるのか：国際情勢、科学技術、社会の「未来」を予測する」眞淳平著 岩波書店 2014年4月

「3・11以後何が変わらないのか」大澤真幸著;松島泰勝著;山下祐介著;五十嵐武士著;水野和夫著 岩波書店(岩波ブックレット) 2013年2月

「AI時代の新・地政学」宮家邦彦著 新潮社(新潮新書) 2018年9月

「EU崩壊」木村正人著 新潮社(新潮新書) 2013年11月

「アジア血風録」吉村剛史著 エムディエヌコーポレーション(MdN新書) 2021年4月

「あなたに伝えたい政治の話」三浦瑠麗著 文藝春秋(文春新書) 2018年10月

「アメリカは日本の原子力政策をどうみているか」鈴木達治郎編;猿田佐世編 岩波書店(岩波ブックレット) 2016年10月

「アメリカ超能力研究の真実：国家機密プログラムの全貌」アニー・ジェイコブセン著;加藤万里子訳 太田出版(ヒストリカル・スタディーズ) 2018年3月

「イスラエルがすごい：マネーを呼ぶイノベーション大国」熊谷徹著 新潮社(新潮新書) 2018年11月

「インドの小学校で教えるプログラミングの授業：これならわかる!超入門講座―青春新書INTELLIGENCE」織田直幸著;ジョシ・アシシュ監修 青春出版社 2017年1月

「ウクライナ戦争はなぜ終わらないのか：デジタル時代の総力戦」高橋杉雄編著 文藝春秋(文春新書) 2023年6月

「エリア51：世界でもっとも有名な秘密基地の真実」アニー・ジェイコブセン著;田口俊樹訳 太田出版(ヒストリカル・スタディーズ) 2012年4月

「グローバリズムが世界を滅ぼす」エマニュエル・トッド著;ハジュン・チャン著;柴山桂太著;中野剛志著;藤井聡著;堀茂樹著 文藝春秋(文春新書) 2014年6月

「この国のかたち2020」酒井亨著 エムディエヌコーポレーション(MdN新書) 2020年4月

「ジプシーを訪ねて」関口義人著 岩波書店(岩波新書新赤版) 2011年1月

「シルクロード歴史と今がわかる事典」大村次郷著 岩波書店(岩波ジュニア新書) 2010年7月

「だれも知らない子供たち：知られざるビルマ(ミャンマー)難民キャンプの暮らし：生まれてから外の世界をまったく知らない鉄条網の中で暮らす難民キャンプの子供たち」京極正典監修・文;鷲尾美津子編 エンタイトル出版 2010年11月

「ドイツ王室一〇〇〇年史＝DIE GESCHICHTE DER DEUTSCH DYNASTIE：ヨーロッパ史を動かした三王家の栄華と終焉」関田淳子著 中経出版(ビジュアル選書) 2013年8月

「ドイツ人はなぜ、年収アップと環境対策を両立できるのか―青春新書INTELLIGENCE」熊谷徹著 青春出版社 2023年1月

「ナチ科学者を獲得せよ!：アメリカ極秘国家プロジェクトペーパークリップ作戦」アニー・ジェイコブセン著;加藤万里子訳 太田出版 2015年9月

国際理解を深める

「ニッポンの大問題：池上流・情報分析のヒント44」池上彰著 文藝春秋（文春新書）2014年3月

「ニュースの深層が見えてくるサバイバル世界史―青春新書INTELLIGENCE」茂木誠著 青春出版社 2017年12月

「ヒトラー：虚像の独裁者」芝健介著 岩波書店（岩波新書新赤版）2021年9月

「ブラジル：跳躍の軌跡」堀坂浩太郎著 岩波書店（岩波新書新赤版）2012年8月

「ベルルスコーニの時代：崩れゆくイタリア政治」村上信一郎著 岩波書店（岩波新書新赤版）2018年2月

「まだ誰も見たことのない「未来」の話をしよう」オードリー・タン語り；近藤弥生子執筆 SBクリエイティブ（SB新書）2022年3月

「まるわかり近現代史」津野田興一著 文藝春秋（文春新書）2022年12月

「メディアと日本人：変わりゆく日常」橋元良明著 岩波書店（岩波新書新赤版）2011年3月

「ヨーロッパ史入門：原形から近代への胎動」池上俊一著 岩波書店（岩波ジュニア新書）2021年12月

「ヨーロッパ史入門：市民革命から現代へ」池上俊一著 岩波書店（岩波ジュニア新書）2022年1月

「ヨーロッパ文明の起源：聖書が伝える古代オリエントの世界」池上英洋著 筑摩書房（ちくまプリマー新書）2017年11月

「ライブ！現代社会：世の中の動きに強くなる 2020」池上彰監修 帝国書院 2020年2月

「ライブ！現代社会：世の中の動きに強くなる 2021」池上彰監修 帝国書院 2021年2月

「ラストエンペラー習近平」エドワード・ルトワック著；奥山真司訳 文藝春秋（文春新書）2021年7月

「ワールドカップは誰のものか：FIFAの戦略と政略」後藤健生著 文藝春秋（文春新書）2010年5月

「移民国家アメリカの歴史」貴堂嘉之著 岩波書店（岩波新書新赤版）2018年10月

「一陽来復：中国古典に四季を味わう―岩波現代文庫」井波律子著 岩波書店 2023年10月

「科学技術大国中国：有人宇宙飛行から原子力、iPS細胞まで」林幸秀著 中央公論新社 2013年7月

「海を越える日本文学」張競著 筑摩書房（ちくまプリマー新書）2010年12月

「韓国内なる分断：葛藤する政治、疲弊する国民―平凡社新書」池畑修平著 平凡社 2019年7月

「金正恩：恐怖と不条理の統治構造」朴斗鎮著 新潮社（新潮新書）2018年3月

「原爆：私たちは何も知らなかった」有馬哲夫著 新潮社（新潮新書）2018年9月

国際理解を深める

「現代社会ライブラリーへようこそ! 2017」現代社会ライブラリーへようこそ!編集委員著 清水書院 2016年9月

「現代用語の基礎知識：学習版 2018」現代用語検定協会監修 自由国民社 2017年5月

「現代用語の基礎知識：学習版 2019-2020」現代用語検定協会監修 自由国民社 2019年7月

「現代用語の基礎知識：学習版 2020-2021」現代用語検定協会監修 自由国民社 2020年7月

「現代用語の基礎知識：学習版 2021-2022」現代用語検定協会監修 自由国民社 2021年7月

「現代用語の基礎知識：学習版. 2023-2024」現代用語検定協会監修 自由国民社 2023年7月

「現代用語の基礎知識学習版：12歳からの「現代用語」：子どもはもちろん大人にも。2015→2016」現代用語検定協会監修 自由国民社 2015年2月

「現代用語の基礎知識学習版：子どもはもちろん大人にも。2014→2015」現代用語検定協会監修 自由国民社 2014年2月

「現代用語の基礎知識学習版：大人はもちろん子どもにも。2013→2014」現代用語検定協会監修 自由国民社 2013年2月

「現代用語の基礎知識学習版 2010→2011」現代用語検定協会監修 自由国民社 2010年2月

「現代用語の基礎知識学習版 2011→2012」現代用語検定協会監修 自由国民社 2011年3月

「現代用語の基礎知識学習版 2012→2013」現代用語検定協会監修 自由国民社 2012年2月

「高校生と考える世界とつながる生き方：桐光学園大学訪問授業」桐光学園中学校・高等学校編 左右社 2016年4月

「高校生のための国際政治経済：都心で学ぼう 3」二松学舎大学国際政治経済学部編 戎光祥出版 2016年11月

「国家を考えてみよう」橋本治著 筑摩書房(ちくまプリマー新書) 2016年6月

「国際情勢に強くなる英語キーワード」明石和康著 岩波書店(岩波ジュニア新書) 2016年3月

「在日朝鮮人ってどんなひと?―中学生の質問箱」徐京植著 平凡社 2012年1月

「私たちはどんな世界を生きているか―講談社現代新書」西谷修著 講談社 2020年10月

「時代背景から考える日本の6つのオリンピック 1 (1940年東京・札幌&1964年東京大会)」大熊廣明監修;稲葉茂勝文 ベースボール・マガジン社 2015年7月

「自治体のエネルギー戦略：アメリカと東京」大野輝之著 岩波書店(岩波新書新赤版) 2013年5月

「書籍文化の未来：電子本か印刷本か」赤木昭夫著 岩波書店(岩波ブックレット) 2013年6月

「女も男も生きやすい国、スウェーデン」三瓶恵子著 岩波書店(岩波ジュニア新書) 2017年1月

国際理解を深める

「少女は、なぜフランスを救えたのか：ジャンヌ・ダルクのオルレアン解放」池上俊一著 NHK出版 2023年6月

「新・韓国現代史」文京洙著 岩波書店(岩波新書新赤版) 2015年12月

「新・現代アフリカ入門：人々が変える大陸」勝俣誠著 岩波書店(岩波新書新赤版) 2013年4月

「新・世界経済入門」西川潤著 岩波書店(岩波新書新赤版) 2014年4月

「新冷戦時代の超克：「持たざる国」日本の流儀」片山杜秀著 新潮社(新潮新書) 2019年2月

「森と山と川でたどるドイツ史」池上俊一著 岩波書店(岩波ジュニア新書) 2015年11月

「世界から戦争がなくならない本当の理由」池上彰著 祥伝社(祥伝社新書) 2019年8月

「世界の国1位と最下位：国際情勢の基礎を知ろう」眞淳平著 岩波書店(岩波ジュニア新書) 2010年9月

「世界経済入門―講談社現代新書」野口悠紀雄著 講談社 2018年8月

「世界史のミュージアム = Museum of World History：歴史風景館」東京法令出版教育事業推進部編 東京法令出版 2019年3月

「世界地理びっくり図鑑：さまざまなデータから世界のようすを読み取ろう！―もっと知りたい！図鑑」小松陽介監修 ポプラ社 2014年4月

「戦後日本の経済と社会：平和共生のアジアへ」石原享一著 岩波書店(岩波ジュニア新書) 2015年11月

「大都市はどうやってできるのか」山本和博著 筑摩書房(ちくまプリマー新書) 2022年9月

「大統領でたどるアメリカの歴史」明石和康著 岩波書店(岩波ジュニア新書) 2012年9月

「第一次世界大戦はなぜ始まったのか」別宮暖朗著 文藝春秋(文春新書) 2014年7月

「第三次世界大戦はもう始まっている」エマニュエル・トッド著;大野舞訳 文藝春秋(文春新書) 2022年6月

「知らなきゃよかった：予測不能時代の新・情報術」池上彰著;佐藤優著 文藝春秋(文春新書) 2018年8月

「地球経済のまわり方」浜矩子著 筑摩書房(ちくまプリマー新書) 2014年4月

「地経学とは何か」船橋洋一著 文藝春秋(文春新書) 2020年2月

「地図で読む「国際関係」入門」眞淳平著 筑摩書房(ちくまプリマー新書) 2015年8月

「地政学から戦争と平和を考える国際情勢と領土問題.[1]」国際地政学研究所監修 金の星社 2023年2月

「地名の世界地図 カラー新版」21世紀研究会編 文藝春秋(文春新書) 2020年9月

「池上彰と考える戦争の現代史 1」池上彰監修 ポプラ社 2016年4月

国際理解を深める

「池上彰の「ニュース、そこからですか!?」」池上彰著 文藝春秋(文春新書) 2012年3月

「池上彰の宗教がわかれば世界が見える」池上彰著 文藝春秋(文春新書) 2011年7月

「池上彰の世界の見方 = Akira Ikegami,How To See the World : 15歳に語る現代世界の最前線」池上彰著 小学館 2015年11月

「池上彰の世界の見方 = Akira Ikegami,How To See the World アメリカ」池上彰著 小学館 2016年4月

「池上彰の世界の見方 = Akira Ikegami,How To See the World インド」池上彰著 小学館 2020年7月

「池上彰の世界の見方 = Akira Ikegami,How To See the World 中国・香港・台湾」池上彰著 小学館 2016年11月

「中国、科学技術覇権への野望:宇宙・原発・ファーウェイ」倉澤治雄著 中央公論新社 2020年6月

「中国は、いま」国分良成編 岩波書店(岩波新書新赤版) 2011年3月

「中国航空戦力のすべて:中国のテクノロジーは世界にどれだけ迫っているのか?」青木謙知著 SBクリエイティブ 2015年3月

「中国人の本音:日本をこう見ている―平凡社新書」工藤哲著 平凡社 2017年5月

「独裁の中国現代史:毛沢東から習近平まで」楊海英著 文藝春秋(文春新書) 2019年2月

「日本のすがた:表とグラフでみる社会科資料集 2014」矢野恒太記念会編集 矢野恒太記念会 2014年3月

「日本はなぜ世界で認められないのか:「国際感覚」のズレを読み解く―平凡社新書」柴山哲也著 平凡社 2012年4月

「変わる中国を読む50のキーワード―青春新書INTELLIGENCE」浅井信雄著 青春出版社 2012年11月

「僕たちの国の自衛隊に21の質問」半田滋著 講談社 2014年10月

「僕の仕事は、世界を平和にすること。―探究のDOOR;1」川崎哲著 旬報社 2023年6月

「無敵の読解力」池上彰著;佐藤優著 文藝春秋(文春新書) 2021年12月

「靖国参拝の何が問題か―平凡社新書」内田雅敏著 平凡社 2014年8月

「労働組合とは何か」木下武男著 岩波書店(岩波新書新赤版) 2021年3月

世界遺産

「NHK新歴史秘話ヒストリア:歴史にかくされた知られざる物語 3」NHK「歴史秘話ヒストリア」制作班編 金の星社 2018年1月

「NHK新歴史秘話ヒストリア:歴史にかくされた知られざる物語 4」NHK「歴史秘話ヒストリア」制作班編 金の星社 2018年1月

国際理解を深める

「世界遺産 = THE SHOGAKUKAN CHILDREN'S ENCYCLOPEDIA OF WORLD HERITAGE SITES：キッズペディア 改訂新版」小学館編集 小学館 2021年9月

「世界遺産ではじめる地理総合：多様な文化とわたしたち」世界遺産検定事務局編著 世界遺産アカデミー/世界遺産検定事務局マイナビ出版 2023年3月

「世界遺産で考える5つの現在－歴史総合パートナーズ；11」宮澤光著 清水書院 2020年2月

「理科の地図帳 環境・生物編（日本の環境と生物がまるごとわかる）改訂版」神奈川県立生命の星・地球博物館監修；ザ・ライトスタッフオフィス編 技術評論社（ビジュアルはてなマップ）2014年12月

「裏読み世界遺産」平山和充著 筑摩書房（ちくまプリマー新書）2010年10月

世界の政治・経済

「「生き場」を探す日本人─平凡社新書」下川裕治著 平凡社 2011年6月

「「日本」ってどんな国？：国際比較データで社会が見えてくる」本田由紀著 筑摩書房（ちくまプリマー新書）2021年10月

「13歳からの日米安保条約：戦争と同盟の世界史の中で考える」松竹伸幸著 かもがわ出版 2021年10月

「20世紀をつくった経済学：シュンペーター、ハイエク、ケインズ」根井雅弘著 筑摩書房（ちくまプリマー新書）2011年12月

「90枚のイラストで世界がわかるはじめての地政学」いつかやる社長 著；ika イラスト 飛鳥新社 2022年11月

「Story日本の歴史 増補版」日本史教育研究会編 山川出版社 2011年12月

「グローバリズムが世界を滅ぼす」エマニュエル・トッド著；ハジュン・チャン著；柴山桂太著；中野剛志著；藤井聡著；堀茂樹著 文藝春秋（文春新書）2014年6月

「グローバル資本主義と日本の選択：富と貧困の拡大のなかで」金子勝著；橘木俊詔著；武者陵司著 岩波書店（岩波ブックレット）2010年3月

「コロナ後の日本経済」須田慎一郎著 エムディエヌコーポレーション（MdN新書）2020年8月

「ジョン万次郎：二つのふるさとをあいした少年」エミリー・アーノルド・マッカリー作・絵；高嶋哲夫訳；高嶋桃子訳；近藤隆己訳 星湖舎 2012年11月

「ジョン万次郎：民主主義を伝えた男─歴史人物ドラマ」小沢章友 作；十々夜 絵 講談社（講談社青い鳥文庫）2022年11月

「ドイツ人はなぜ、年収アップと環境対策を両立できるのか─青春新書INTELLIGENCE」熊谷徹著 青春出版社 2023年1月

「バブル経済とは何か─平凡社新書」藤田勉著 平凡社 2018年9月

「ブラジル：跳躍の軌跡」堀坂浩太郎著 岩波書店（岩波新書新赤版）2012年8月

国際理解を深める

「一億総下流社会」須田慎一郎著 エムディエヌコーポレーション(MdN新書) 2022年8月

「外交プロに学ぶ修羅場の交渉術」伊奈久喜著 新潮社(新潮新書) 2012年11月

「外交官になるには―なるにはBOOKS；23」飯島一孝 著 ぺりかん社 2022年2月

「外国人労働者受け入れを問う」宮島喬著;鈴木江理子著 岩波書店(岩波ブックレット) 2014年12月

「金融政策入門」湯本雅士著 岩波書店(岩波新書新赤版) 2013年10月

「経済学からなにを学ぶか：その500年の歩み―平凡社新書」伊藤誠著 平凡社 2015年3月

「経済学の3つの基本：経済成長、バブル、競争」根井雅弘著 筑摩書房(ちくまプリマー新書) 2013年10月

「経済学の犯罪：稀少性の経済から過剰性の経済へ―講談社現代新書」佐伯啓思著 講談社 2012年8月

「経済学は死んだのか―平凡社新書」奥村宏著 平凡社 2010年4月

「決定版日中戦争」波多野澄雄著;戸部良一著;松元崇著;庄司潤一郎著;川島真著 新潮社(新潮新書) 2018年11月

「語り伝えるアジア・太平洋戦争：ビジュアルブック 第5巻 (おわらない戦後と平和への道)」吉田裕文・監修 新日本出版社 2012年3月

「子どもたちに語る日中二千年史」小島毅著 筑摩書房(ちくまプリマー新書) 2020年3月

「死に至る地球経済」浜矩子著 岩波書店(岩波ブックレット) 2010年9月

「捨てられる銀行―講談社現代新書」橋本卓典著 講談社 2016年5月

「女性を活用する国、しない国」竹信三恵子著 岩波書店(岩波ブックレット) 2010年9月

「小村寿太郎：列強と肩をならべた近代日本の外交官—よんでしらべて時代がわかるミネルヴァ日本歴史人物伝」安田常雄監修;西本鶏介文;荒賀賢二絵 ミネルヴァ書房 2013年3月

「新・世界経済入門」西川潤著 岩波書店(岩波新書新赤版) 2014年4月

「人の心に働きかける経済政策」翁邦雄著 岩波書店(岩波新書新赤版) 2022年1月

「人権は国境を越えて」伊藤和子著 岩波書店(岩波ジュニア新書) 2013年10月

「数字のウソを見破る」中原英臣;佐川峻著 PHP研究所(PHP新書) 2010年1月

「世界の国1位と最下位：国際情勢の基礎を知ろう」眞淳平著 岩波書店(岩波ジュニア新書) 2010年9月

「世界を読み解く!こどもと学ぶなるほど地政学―DIA Collection」神野正史監修 ダイアプレス 2023年1月

「世界経済入門―講談社現代新書」野口悠紀雄著 講談社 2018年8月

「政治のキホン100」吉田文和著 岩波書店(岩波ジュニア新書) 2014年9月

国際理解を深める

「政治のしくみを知るための日本の府省しごと事典 3」森田朗監修;こどもくらぶ編 岩崎書店 2018年1月

「戦後日本の経済と社会：平和共生のアジアへ」石原享一著 岩波書店(岩波ジュニア新書) 2015年11月

「値段がわかれば社会がわかる：はじめての経済学」徳田賢二著 筑摩書房(ちくまプリマー新書) 2021年2月

「知っておきたい電子マネーと仮想通貨」三菱総合研究所編 マイナビ出版(マイナビ新書) 2018年2月

「地球経済のまわり方」浜矩子著 筑摩書房(ちくまプリマー新書) 2014年4月

「地政学から戦争と平和を考える国際情勢と領土問題. [2]」国際地政学研究所監修 金の星社 2023年3月

「池上彰の世界の見方 = Akira Ikegami,How To See the World 中国」池上彰著 小学館 2021年10月

「池上彰の世界の見方 = Akira Ikegami,How To See the World 中南米」池上彰著 小学館 2022年12月

「池上彰の世界の見方 = Akira Ikegami,How To See the World 東欧・旧ソ連の国々」池上彰著 小学館 2022年4月

「池上彰の世界の見方 = Akira Ikegami,How To See the World 東南アジア」池上彰著 小学館 2019年4月

「中国は、いま」国分良成編 岩波書店(岩波新書新赤版) 2011年3月

「中東から世界が見える：イラク戦争から「アラブの春」へ―〈知の航海〉シリーズ」酒井啓子著 岩波書店(岩波ジュニア新書) 2014年3月

「低炭素経済への道」諸富徹著;浅岡美恵著 岩波書店(岩波新書新赤版) 2010年4月

「天下統一めざせ!日本史クイズマスター歴史クイズ 2(安土桃山時代～現代)」ワン・ステップ編 金の星社 2010年3月

「日韓でいっしょに読みたい韓国史：未来に開かれた共通の歴史認識に向けて」徐毅植著;安智源著;李元淳著;鄭在貞著;君島和彦訳;國分麻里訳;山﨑雅稔訳 明石書店 2014年1月

「日本という国 増補改訂」小熊英二著 イースト・プレス(よりみちパン!セ) 2011年7月

「日本を守るため、明日から戦えますか？：13歳から考える安全保障」葛城奈海著 ビジネス社 2023年6月

「日本経済の奇妙な常識―講談社現代新書」吉本佳生著 講談社 2011年10月

「日本経済の底力：臥龍が目覚めるとき」戸堂康之著 中央公論新社(中公新書) 2011年8月

「日本経済はなぜ衰退したのか：再生への道を探る―平凡社新書」伊藤誠著 平凡社 2013年4月

国際理解を深める

「日本経済入門―講談社現代新書」野口悠紀雄著 講談社 2017年3月
「日本史でたどるニッポン」本郷和人著 筑摩書房(ちくまプリマー新書) 2020年2月
「日本史年表・地図 第21版」児玉幸多編 吉川弘文館 2015年4月
「平清盛と28人の男と女の裏表。：清盛は悪党か?改革者か?：45分でわかる!―Magazine house 45 minutes series；#21」金谷俊一郎著 マガジンハウス 2011年12月
「漫画家たちのマンガ外交 = MANGA DIPLOMACY：南京大虐殺記念館からはじまった」石川好著 彩流社 2015年7月
「勇敢な日本経済論―講談社現代新書」髙橋洋一；ぐっちーさん著 講談社 2017年4月
「歴史を変えた卑弥呼：縄文時代から飛鳥時代まで駆けぬけた渡来人：Dreams Come True―歴史故郷シリーズ；1」吉岡節夫著 BRLM高速学習アカデミー 2014年1月
「六千人の命を救え!外交官・杉原千畝―PHP心のノンフィクション」白石仁章著 PHP研究所 2014年8月
「和解は可能か：日本政府の歴史認識を問う」内田雅敏著 岩波書店(岩波ブックレット) 2015年8月

世界の地理

「SDGsは地理で学べ」宇野仙著 筑摩書房(ちくまプリマー新書) 2022年10月
「いま生きているという冒険 増補新版」石川直樹著 新曜社(よりみちパン!セ) 2019年5月
「シルクロード歴史と今がわかる事典」大村次郷著 岩波書店(岩波ジュニア新書) 2010年7月
「なぜ世界を知るべきなのか」池上彰著 小学館(小学館YouthBooks) 2021年7月
「ランキングマップ世界地理：統計を地図にしてみよう」伊藤智章著 筑摩書房(ちくまプリマー新書) 2023年9月
「宗教の地政学」島田裕巳著 エムディエヌコーポレーション(MdN新書) 2022年10月
「探険と冒険の物語」松島駿二郎著 岩波書店(岩波ジュニア新書) 2010年3月
「地経学とは何か」船橋洋一著 文藝春秋(文春新書) 2020年2月
「地名の世界地図 カラー新版」21世紀研究会編 文藝春秋(文春新書) 2020年9月
「東南アジアを学ぼう：「メコン圏」入門」柿崎一郎著 筑摩書房(ちくまプリマー新書) 2011年2月
「紛争・対立・暴力：世界の地域から考える―〈知の航海〉シリーズ」西崎文子編著;武内進一編著 岩波書店(岩波ジュニア新書) 2016年10月
「裏読み世界遺産」平山和充著 筑摩書房(ちくまプリマー新書) 2010年10月
「旅が好きだ!：21人が見つけた新たな世界への扉―14歳の世渡り術」河出書房新社編;角田光代ほか著 河出書房新社 2020年6月

国際理解を深める

「旅に出よう：世界にはいろんな生き方があふれてる」近藤雄生著 岩波書店(岩波ジュニア新書) 2010年4月

世界の文化

「「推し」の文化論：BTSから世界とつながる」鳥羽和久著 晶文社 2023年3月

「K-POP：新感覚のメディア」金成玟著 岩波書店(岩波新書新赤版) 2018年7月

「イギリス肉食革命：胃袋から生まれた近代―平凡社新書」越智敏之著 平凡社 2018年3月

「ジェンダーで見るヒットドラマ：韓国、アメリカ、欧州、日本」治部れんげ著 光文社(光文社新書) 2021年6月

「シャーロック・ホームズの愉しみ方―平凡社新書」植村昌夫著 平凡社 2011年9月

「ストライカーを科学する：サッカーは南米に学べ!」松原良香著 岩波書店 2019年9月

「ネイマール＝Neymar：ピッチでくりだす魔法―ポプラ社ノンフィクション」マイケル・パート著;樋渡正人訳 ポプラ社 2014年11月

「はじまりの数学」野﨑昭弘著 筑摩書房(ちくまプリマー新書) 2012年10月

「パスタぎらい」ヤマザキマリ著 新潮社(新潮新書) 2019年4月

「パスタでたどるイタリア史」池上俊一著 岩波書店(岩波ジュニア新書) 2011年11月

「ハングルの誕生：音から文字を創る―平凡社新書」野間秀樹著 平凡社 2010年5月

「ビートルズは音楽を超える―平凡社新書」武藤浩史著 平凡社 2013年7月

「ひとりで、考える：哲学する習慣を」小島俊明著 岩波書店(岩波ジュニア新書) 2019年5月

「フィレンツェ：比類なき文化都市の歴史」池上俊一著 岩波書店(岩波新書新赤版) 2018年5月

「フジモリ式建築入門」藤森照信著 筑摩書房(ちくまプリマー新書) 2011年9月

「フランス料理の歴史」ジャン＝ピエール・プーラン著;エドモン・ネランク著;山内秀文訳・解説 KADOKAWA(角川ソフィア文庫) 2017年3月

「ヘーゲルとその時代」権左武志著 岩波書店(岩波新書新赤版) 2013年11月

「ベルリン物語：都市の記憶をたどる―平凡社新書」川口マーン惠美著 平凡社 2010年4月

「モーツァルトの台本作者：ロレンツォ・ダ・ポンテの生涯―平凡社新書」田之倉稔著 平凡社 2010年8月

「ワールドカップで見た南アフリカ体験記―ポプラ社ノンフィクション」岩崎龍一著 ポプラ社 2010年10月

「印象派の歴史 下」ジョン・リウォルド著;三浦篤訳;坂上桂子訳 KADOKAWA(角川ソフィア文庫) 2019年8月

国際理解を深める

「印象派の歴史 上」ジョン・リウォルド著;三浦篤訳;坂上桂子訳 KADOKAWA(角川ソフィア文庫) 2019年8月

「英語は「語源×世界史」を知ると面白い―青春新書INTELLIGENCE」清水建二著 青春出版社 2023年7月

「英詩のこころ」福田昇八著 岩波書店(岩波ジュニア新書) 2014年1月

「王様でたどるイギリス史」池上俊一著 岩波書店(岩波ジュニア新書) 2017年2月

「科学vs.キリスト教:世界史の転換」岡崎勝世著 講談社 2013年12月

「絵で旅する国境」クドル 文;ヘラン 絵;なかやまよしゆき 訳 文研出版 2022年11月

「絵本画家天才たちが描いた妖精 = FAIRY WORLD OF ARTISTIC GENIUSES」井村君江著 中経出版(ビジュアル選書) 2013年5月

「漢詩のレッスン」川合康三著 岩波書店(岩波ジュニア新書) 2014年11月

「韓国語をいかに学ぶか:日本語話者のために―平凡社新書」野間秀樹著 平凡社 2014年6月

「教養としてのダンテ「神曲」地獄篇―青春新書INTELLIGENCE」佐藤優著 青春出版社 2022年9月

「教養として学んでおきたいギリシャ神話」中村圭志著 マイナビ出版(マイナビ新書) 2021年2月

「教養として学んでおきたいニーチェ」岡本裕一朗著 マイナビ出版(マイナビ新書) 2021年9月

「高校生からの韓国語入門」稲川右樹著 筑摩書房(ちくまプリマー新書) 2021年2月

「魂をゆさぶる歌に出会う:アメリカ黒人文化のルーツへ」ウェルズ恵子著 岩波書店(岩波ジュニア新書) 2014年2月

「思い出のアメリカテレビ映画:『スーパーマン』から『スパイ大作戦』まで―平凡社新書」瀬戸川宗太著 平凡社 2014年2月

「城と宮殿でたどる!名門家の悲劇の顛末―青春新書INTELLIGENCE」祝田秀全監修 青春出版社 2015年10月

「図説『日本書紀』と『宋書』で読み解く!謎の四世紀と倭の五王―青春新書INTELLIGENCE」瀧音能之監修 青春出版社 2018年8月

「世界史で深まるクラシックの名曲―青春新書INTELLIGENCE」内藤博文著 青春出版社 2022年2月

「世界史で読み解く名画の秘密―青春新書INTELLIGENCE」内藤博文著 青春出版社 2022年9月

「声に出してよむ漢詩の名作50:中国語と日本語で愉しむ―平凡社新書」荘魯迅著 平凡社 2013年11月

「西洋天文学史」Michael Hoskin著;中村士訳 丸善出版 2013年5月

国際理解を深める

「鉄道で楽しむアジアの旅―平凡社新書」谷川一巳著 平凡社 2014年6月

「東南アジアを学ぼう:「メコン圏」入門」柿崎一郎著 筑摩書房(ちくまプリマー新書) 2011年2月

「動物で読むアメリカ文学案内」河島弘美著 岩波書店(岩波ジュニア新書) 2012年7月

「有機農業で変わる食と暮らし:ヨーロッパの現場から」香坂玲著;石井圭一著 岩波書店(岩波ブックレット) 2021年4月

TPP(環太平洋パートナーシップ)

「TPPで暮らしはどうなる?」鈴木宣弘著;天笠啓祐著;山岡淳一郎著;色平哲郎著 岩波書店(岩波ブックレット) 2013年7月

「教えて!池上さん:最新ニュース解説」池上彰著 毎日新聞社 2011年7月

「国際情勢に強くなる英語キーワード」明石和康著 岩波書店(岩波ジュニア新書) 2016年3月

「食料自給率を考える―世界と日本の食料問題」山崎亮一監修 文研出版 2012年1月

「日本の食糧が危ない」中村靖彦著 岩波書店(岩波新書新赤版) 2011年5月

「日本経済の底力:臥龍が目覚めるとき」戸堂康之著 中央公論新社(中公新書) 2011年8月

NATO(北大西洋条約機構)

「ニュースに出てくる国際組織じてん 2」池上彰監修 彩流社 2016年3月

「池上彰の世界の見方 = Akira Ikegami,How To See the World 北欧」池上彰著 小学館 2023年8月

「池上彰の世界の見方 = Akira Ikegami,How To See the World. 北欧」池上彰著 小学館 2023年8月

ノーベル賞

「知っていそうで知らないノーベル賞の話―平凡社新書」北尾利夫著 平凡社 2011年9月

パリ協定

「地球温暖化は解決できるのか:パリ協定から未来へ!」小西雅子著 岩波書店(岩波ジュニア新書) 2016年7月

貿易

「「桶狭間」は経済戦争だった:戦国史の謎は「経済」で解ける―青春新書INTELLIGENCE」武田知弘著 青春出版社 2014年6月

「TPPで暮らしはどうなる?」鈴木宣弘著;天笠啓祐著;山岡淳一郎著;色平哲郎著 岩波書店(岩波ブックレット) 2013年7月

国際理解を深める

「WTO：貿易自由化を超えて」中川淳司著 岩波書店（岩波新書新赤版）2013年3月
「長崎を識らずして江戸を語るなかれ―平凡社新書」松尾龍之介著 平凡社 2011年1月

輸出

「日本はなぜ原発を輸出するのか―平凡社新書」鈴木真奈美著 平凡社 2014年8月

【世界の環境や国際協力を知る】

エコロジー

「HOPE：地球を守るために毎日みんなでできること」PenguinRandomHouseAustralia作;水野裕紀子訳 化学同人 2023年5月

「ヒトと生き物の話：エコのとびらBIO」SAPIX環境教育センター 企画・編集 代々木ライブラリー 2022年7月

「マンガでわかる!地球環境とSDGs 4」高月紘 監修 学研プラス 2022年2月

「一人前になるための家事の図鑑」家事の図鑑の会編 岩崎書店 2014年9月

「自転車で行こう」新田穂高著 岩波書店(岩波ジュニア新書) 2011年3月

「地球環境がわかる：自然の一員としてどう生きていくか エコを考える現代人必携の入門書 改訂新版」西岡秀三著;宮崎忠國著;村野健太郎著 技術評論社 2015年3月

「未来をつくるこれからのエコ企業 1 (再資源化率97%のリサイクル工場)」孫奈美編著 汐文社 2013年10月

「未来をつくるこれからのエコ企業 2 (新エネルギーに挑戦!海洋温度差発電)」孫奈美編著 汐文社 2013年11月

「未来をつくるこれからのエコ企業 3 (安全な水を届ける自転車一体型浄水器)」孫奈美編著 汐文社 2013年12月

「未来をつくるこれからのエコ企業 4 (食料にも燃料にも!?ミドリムシで世界を救う)」孫奈美編著 汐文社 2014年2月

「理科と社会に役立つエコのとびら 4」SAPIX環境教育センター 企画・編集 代々木ライブラリー 2022年7月

「理科と社会の世界が広がるエコのとびら. 5」SAPIX環境教育センター企画・編集 代々木ライブラリー 2023年7月

SDGs(持続可能な開発目標)

「「多様性」ってどんなこと? 1」こどもくらぶ 編 岩崎書店 2022/12/01

「13歳からの食と農：家族農業が世界を変える」関根佳恵著 かもがわ出版 2020年11月

「13歳からの大学講義：Beyond SDGs!―法政大学人間環境学部・サステイナビリティ・ブックレット ; 2」法政大学人間環境学部 編 公人の友社 2022年2月

「13歳から考える住まいの権利：多様な生き方を実現する「家」のはなし」葛西リサ 著 かもがわ出版 2022年12月

「14歳からのSDGs：あなたが創る未来の地球」水野谷優 編著;國井修 著;井本直歩子 著;林佐和美 著;加藤正寛 著;高木超 著 明石書店 2022年9月

世界の環境や国際協力を知る

「SDGs〈世界の未来を変えるための17の目標〉2030年までのゴール」日能研教務部企画・編集 日能研 2017年8月

「SDGs〈世界の未来を変えるための17の目標〉2030年までのゴール 改訂新版」日能研教務部企画・編集 日能研 2020年11月

「SDGs×ライフキャリア探究BOOK：サステナブルな未来の社会をつくる生き方・働き方って何だろう？ けんた、寿司職人になる!?編—未来の授業」佐藤真久監修；ETIC.編集協力 宣伝会議 2023年12月

「SDGsで見る現代の戦争：知って調べて考える」伊勢崎賢治監修；関正雄SDGs監修 学研プラス 2021年9月

「SDGsの教科書：10代からの地球の守り方」フジテレビCSR・SDGs推進プロジェクト 編；池上彰ほか 執筆 誠文堂新光社 2022年3月

「SDGsライフキャリアBOOK：みんなの"自分らしさ"で未来を創る—未来の授業」佐藤真久監修；ETIC.編集協力 宣伝会議 2020年12月

「SDGsを実現する2030年の仕事未来図 1巻」SDGsを実現する2030年の仕事未来図編集委員会著 文溪堂 2021年11月

「SDGsを実現する2030年の仕事未来図 2巻」SDGsを実現する2030年の仕事未来図編集委員会著 文溪堂 2021年12月

「SDGsを実現する2030年の仕事未来図 3巻」SDGsを実現する2030年の仕事未来図編集委員会著 文溪堂 2021年12月

「SDGsを実現する2030年の仕事未来図 4巻」SDGsを実現する2030年の仕事未来図編集委員会著 文溪堂 2021年12月

「SDGs時代の国際協力：アジアで共に学校をつくる」西村幹子著；小野道子著；井上儀子著 岩波書店（岩波ジュニア新書）2021年2月

「SDGs人権編：貧困、差別、不平等、難民、戦争…：世界が抱える人権問題に向き合おう：キミならどう解決する？—子ども教養図鑑」由井薗健監修；粕谷昌良監修；小学校社会科授業づくり研究会著 誠文堂新光社 2023年10月

「SDGs入門：未来を変えるみんなのために」蟹江憲史著 岩波書店（岩波ジュニアスタートブックス）2021年9月

「エネルギーと環境問題—世界と日本のエネルギー問題」小池康郎監修 文研出版 2012年12月

「グリーンセイバーナビ：自然と環境について30のフシギ」樹木・環境ネットワーク協会 編集 樹木・環境ネットワーク協会 2022年12月

「さとやま：生物多様性と生態系模様—〈知の航海〉シリーズ」鷲谷いづみ著 岩波書店（岩波ジュニア新書）2011年6月

「サンゴは語る—岩波ジュニアスタートブックス」大久保奈弥著 岩波書店 2021年5月

世界の環境や国際協力を知る

「ファッションの仕事で世界を変える：エシカル・ビジネスによる社会貢献」白木夏子著 筑摩書房（ちくまプリマー新書）2021年9月

「プラスチック・プラネット：今、プラスチックが地球をおおっている：明日からプラスチックゴミをなくそう―評論社の児童図書館・絵本の部屋」ジョージア・アムソン=ブラッドショー作;大山泉訳 評論社 2019年7月

「やさしくわかるカーボンニュートラル：未来につなげる・みつけるSDGs：脱炭素社会をめざすために知っておきたいこと」小野﨑正樹著;小野﨑理香絵 技術評論社 2023年4月

「ユネスコスクールによるESDの実践 = The Practice of ESD by a UNESCO Associated School：教育の新たな可能性を探る」秋田市立秋田商業高等学校ビジネス実践・ユネスコスクール班編 アルテ 2013年2月

「ライブ！：世の中の動きに強くなる. 2023」池上彰監修 帝国書院 2023年2月

「異常気象図鑑」平井信行監修 金の星社 2021年12月

「家族農業が世界を変える 2」関根佳恵監修・著 かもがわ出版 2021年12月

「環境技術で働く―なるにはbooks；補巻 11」藤井久子著 ぺりかん社 2012年2月

「高校生のための地球環境問題入門 = A GUIDE TO THE GLOBAL ENVIRONMENTAL PROBLEMS FOR HIGH SCHOOL STUDENTS：子どもたちの未来のために」秋田市立秋田商業高等学校ビジネス実践・ユネスコスクール班編著 アルテ 2012年2月

「国谷裕子と考えるSDGsとスマートシティ・まちづくり. 1巻」国谷裕子監修 文溪堂 2012年2月

「国谷裕子と考えるSDGsとスマートシティ・まちづくり. 2巻」国谷裕子監修 文溪堂 2023年12月

「国谷裕子と考えるSDGsとスマートシティ・まちづくり. 3巻」国谷裕子監修 文溪堂 2023年12月

「国谷裕子と考えるSDGsと食料危機. 1」国谷裕子監修 文溪堂 2023年2月

「国谷裕子と考えるSDGsと食料危機. 2」国谷裕子監修 文溪堂 2023年3月

「国谷裕子と考えるSDGsと食料危機. 3」国谷裕子監修 文溪堂 2023年3月

「国谷裕子と考えるSDGsと食料危機. 4」国谷裕子監修 文溪堂 2023年3月

「資源の大研究：日本の将来はどうなるの？：レアメタルから太陽エネルギーまで」柴田明夫監修 PHP研究所 2012年9月

「捨てないパン屋の挑戦しあわせのレシピ：SDGsノンフィクション食品ロス」井出留美著 あかね書房 2021年8月

「小学生からのSDGs」深井宣光著;伊藤ハムスターイラスト KADOKAWA 2021年11月

「図解でわかる14歳からの水と環境問題」インフォビジュアル研究所著 太田出版 2020年4月

「図解でわかる14歳から考える資本主義」インフォビジュアル研究所著 太田出版 2020年11月

「図解でわかる14歳から知るごみゼロ社会」インフォビジュアル研究所 著 太田出版 2022年2月

世界の環境や国際協力を知る

「図解でわかる14歳から知る気候変動」インフォビジュアル研究所著 太田出版 2020年8月

「世界の家世界のくらし：SDGsにつながる国際理解1」ERIKO著 汐文社 2020年10月

「世界の家世界のくらし：SDGsにつながる国際理解2」ERIKO著 汐文社 2021年1月

「世界の家世界のくらし：SDGsにつながる国際理解3」ERIKO著 汐文社 2021年1月

「世界の終わりのものがたり：そして未来へ 3（文化の終わりとものがたりの終わり）」こどもくらぶ編 WAVE出版 2013年3月

「世界中の子どもの権利をまもる30の方法：だれひとり置き去りにしない!」国際子ども権利センター編;甲斐田万智子編;荒牧重人監修 合同出版 2019年10月

「生きのびるための流域思考」岸由二著 筑摩書房（ちくまプリマー新書）2021年7月

「大人は知らない今ない仕事図鑑100」澤井智毅監修;上村彰子構成・文;「今ない仕事」取材班構成・文;ボビコ漫画・イラスト 講談社 2020年8月

「知っていますか?SDGs：ユニセフとめざす2030年のゴール：世界の未来を変える17の目標 "SDGs"入門書」日本ユニセフ協会著 さ・え・ら書房 2018年9月

「地球の課題がよくわかる!SDGsキャラクター図鑑」秋山宏次郎 監修;いとうみつる 絵 日本図書センター 2022年4月

「地球温暖化は解決できるのか：パリ協定から未来へ!」小西雅子著 岩波書店（岩波ジュニア新書）2016年7月

「地球環境から学ぼう!私たちの未来 第4巻（地球環境を守る・世界の事情）」塩瀬治編 星の環会 2010年12月

「日本の世界遺産 = World Heritage in Japan：地理・歴史・SDGsの視点でひも解く．1」岩本廣美監修;河本大地著;祐岡武志著;赤星信太朗著;青山邦彦イラスト 帝国書院 2023年2月

「日本の世界遺産 = World Heritage in Japan：地理・歴史・SDGsの視点でひも解く．2」岩本廣美監修;河本大地著;祐岡武志著;赤星信太朗著;青山邦彦イラスト 帝国書院 2023年2月

「日本の世界遺産 = World Heritage in Japan：地理・歴史・SDGsの視点でひも解く．3」岩本廣美監修;河本大地著;祐岡武志著;赤星信太朗著;青山邦彦イラスト 帝国書院 2023年2月

「未来につながるよみきかせSDGsのお話17」ささきあり作;秋山宏次郎監修 西東社 2023年6月

「目で見るSDGs時代の環境問題」ジェス・フレンチ著;大塚道子訳 さ・え・ら書房 2020年3月

「目で見るSDGs時代の生物多様性」ジェス・フレンチ 著;片神貴子 訳 さ・え・ら書房 2022年10月

海洋汚染

「サンゴ礁のすがた—100の知識；第4期」カミラ・ド・ラ・ベドワイエール著;渡辺政隆日本語版監修 文研出版 2011年9月

世界の環境や国際協力を知る

「プラスチック・スープの地球：汚染される「水の惑星」」ミヒル・ロスカム・アビング著;藤原幸一監訳 ポプラ社 2019年11月

「ミッション・ウミガメ・レスキュー」カレン・ロマノ・ヤング著;田中直樹日本版企画監修;松沢慶将監修 ハーパーコリンズ・ジャパン（NATIONALGEOGRAPHIC）2019年6月

「海について知っておくべき100のこと―インフォグラフィックスで学ぶ楽しいサイエンス」ジェローム・マーティン文;ほか文;ドミニク・ビロンイラスト;ほかイラスト;竹内薫訳・監修 小学館 2021年8月

「海のよごれは、みんなのよごれ海洋ごみ問題を考えよう! 1」中嶋亮太監修;ララ・ホーソーン著・イラスト;新沢としひこ翻訳 教育画劇 2021年2月

「海のよごれは、みんなのよごれ海洋ごみ問題を考えよう! 2」中嶋亮太監修 教育画劇 2021年4月

「海の中から地球を考える：プロダイバーが伝える気候危機」武本匡弘著 汐文社 2021年11月

「海は地球のたからもの 1」保坂直紀著 ゆまに書房 2019年11月

「海は地球のたからもの 2」保坂直紀著 ゆまに書房 2020年2月

「海は地球のたからもの 3」保坂直紀著 ゆまに書房 2020年3月

「海まるごと大研究 5 (海とともにくらすにはどうすればいい?)」保坂直紀著;こどもくらぶ編集 講談社 2016年2月

「海水の疑問50―みんなが知りたいシリーズ;4」日本海水学会編;上ノ山周編著 成山堂書店 2017年9月

「海洋プラスチック汚染：「プラなし」博士、ごみを語る」中嶋亮太著 岩波書店（岩波科学ライブラリー）2019年9月

「環境負債：次世代にこれ以上ツケを回さないために」井田徹治著 筑摩書房（ちくまプリマー新書）2012年5月

「気候変動何がおこる?何ができる?」アンドレア・ミノリオ文;ラウラ・ファネッリ絵;関口英子訳;江守正多日本語版監修 大月書店 2021年11月

「身近なプラスチックがわかる：暮らしと密接するプラスチックどう付き合うかを考えるための入門書」西岡真由美著;岩田忠久監修;齋藤勝裕監修 技術評論社 2020年11月

「絶滅危機動物：最新版IUCNレッドリスト対応!!―新・ポケット版学研の図鑑;14」今泉忠明監修;小宮輝之監修;大渕希郷監修 学研教育出版 2012年7月

「地球の危機をさけぶ生きものたち 1」藤原幸一写真・文 少年写真新聞社 2017年12月

「追いつめられる海」井田徹治著 岩波書店（岩波科学ライブラリー）2020年4月

「東京大学の先生が教える海洋のはなし」茅根創編著;丹羽淑博編著 成山堂書店 2023年3月

世界の環境や国際協力を知る

環境汚染

「プラスチック・スープの地球：汚染される「水の惑星」」ミヒル・ロスカム・アビング著;藤原幸一監訳 ポプラ社 2019年11月

「わたしたちの地球環境と天然資源：環境学習に役立つ! 4」本間愼監修;こどもくらぶ編 新日本出版社 2018年7月

「地球は人間だけのものじゃない」やまもとよしあき著 青山ライフ出版 2018年8月

「有害化学物質の話：農薬からプラスチックまで」井田徹治著 PHP研究所 2013年10月

環境保全

「〈生物多様性〉入門」鷲谷いづみ著 岩波書店(岩波ブックレット) 2010年6月

「「流域地図」の作り方：川から地球を考える」岸由二著 筑摩書房(ちくまプリマー新書) 2013年11月

「ドイツ人はなぜ、年収アップと環境対策を両立できるのか―青春新書INTELLIGENCE」熊谷徹著 青春出版社 2023年1月

「人生を豊かにしたい人のための世界遺産」宮澤光著 マイナビ出版(マイナビ新書) 2022年3月

「生物多様性とは何か」井田徹治著 岩波書店(岩波新書新赤版) 2010年6月

「地球環境がわかる：自然の一員としてどう生きていくか エコを考える現代人必携の入門書 改訂新版」西岡秀三著;宮﨑忠國著;村野健太郎著 技術評論社 2015年3月

「農学が世界を救う!：食料・生命・環境をめぐる科学の挑戦」生源寺眞一編著;太田寛行編著;安田弘法編著 岩波書店 2017年10月

「風土のなかの神々：神話から歴史の時空を行く―筑摩選書」桑子敏雄著 筑摩書房 2023年6月

気候変動

「いのちと環境：人類は生き残れるか」柳澤桂子著 筑摩書房(ちくまプリマー新書) 2011年8月

「ルポ食が壊れる：私たちは何を食べさせられるのか?」堤未果著 文藝春秋(文春新書) 2022年12月

「異常気象と温暖化がわかる：どうなる?気候変動による未来」河宮未知生監修 技術評論社 2016年6月

「海と陸をつなぐ進化論：気候変動と微生物がもたらした驚きの共進化」須藤斎著 講談社(ブルーバックス) 2018年12月

「街路樹は問いかける：温暖化に負けない〈緑〉のインフラ」藤井英二郎著;海老澤清也著;當内匡著;水眞洋子著 岩波書店(岩波ブックレット) 2021年8月

世界の環境や国際協力を知る

「気候：変動し続ける地球環境」Mark Maslin著;森島済監訳 丸善出版 2016年6月

「気候危機」山本良一著 岩波書店(岩波ブックレット) 2020年1月

「気候変動はなぜ起こるのか：グレート・オーシャン・コンベヤーの発見」ウォーレス・ブロッカー著;川幡穂高訳;眞中卓也訳;大谷壮矢訳;伊左治雄太訳 講談社(ブルーバックス) 2013年12月

「気候崩壊：次世代とともに考える」宇佐美誠著 岩波書店(岩波ブックレット) 2021年6月

「教養として知っておくべき20の科学理論：この世界はどのようにつくられているのか?」細川博昭著;竹内薫監修 SBクリエイティブ 2016年5月

「人類と気候の10万年史：過去に何が起きたのか、これから何が起こるのか」中川毅著 講談社(ブルーバックス) 2017年2月

「正しく理解する気候の科学：論争の原点にたち帰る」中島映至著;田近英一著 技術評論社 2013年2月

「地球46億年気候大変動：炭素循環で読み解く、地球気候の過去・現在・未来」横山祐典著 講談社(ブルーバックス) 2018年10月

希少種、稀少種

「絶滅危機動物」遠藤秀紀監修;本村浩之監修;小宮輝之監修;今泉忠明監修 学研プラス(学研の図鑑LIVEPOCKET) 2019年3月

国際協力

「13歳からの日本外交：それって、関係あるの!?」孫崎享著 かもがわ出版 2019年4月

「13歳からの平和教室」浅井基文著 かもがわ出版 2010年8月

「SDGs時代の国際協力：アジアで共に学校をつくる」西村幹子著;小野道子著;井上儀子著 岩波書店(岩波ジュニア新書) 2021年2月

「ニュースに出てくる国際組織じてん 3」池上彰監修 彩流社 2016年3月

「ハウラの赤い花：イラクの少女がねがったこと」佐藤真紀文・写真;ハウラ・ジャマル絵 新日本出版社 2010年1月

「はじめよう!ボランティア 4」長沼豊監修 廣済堂あかつき 2018年3月

「ブータンの学校に美術室をつくる―いのちのドラマ；2」榎本智恵子著 WAVE出版 2013年8月

「ふるさとをさがして：難民のきもち、寄り添うきもち」根本かおる著 学研教育出版 2012年12月

「マレットファン：夢のたねまき」村中李衣作 新日本出版社 2016年3月

「ルワンダに教育の種を：内戦を生き抜いた女性・マリールイズの物語」中地フキコ著 かもがわ出版 2011年6月

世界の環境や国際協力を知る

「英語でおりがみ = Let's try doing origami! : 伝統あそびで国際交流!」いしかわまりこ作;大門久美子編 汐文社 2019年2月

「岩村昇：ネパールの人々と共に歩んだ医師—ひかりをかかげて」田村光三著 日本キリスト教団出版局 2013年9月

「危機の現場に立つ」中満泉著 講談社 2017年7月

「希望、きこえる？：ルワンダのラジオに子どもの歌が流れた日」榮谷明子著 汐文社 2020年6月

「故郷の味は海をこえて：「難民」として日本に生きる—平和」安田菜津紀著・写真 ポプラ社（ポプラ社ノンフィクション）2019年11月

「幸せを届けるボランティア不幸を招くボランティア—14歳の世渡り術」田中優著 河出書房新社 2010年7月

「高校生のためのアフリカ理解入門：お互いに学び合い、助け合うために」秋田市立秋田商業高等学校ビジネス実践・ユネスコスクール班編 アルテ 2010年10月

「国際協力ってなんだろう：現場に生きる開発経済学」高橋和志;山形辰史編著 岩波書店（岩波ジュニア新書）2010年11月

「国際貢献のウソ」伊勢崎賢治著 筑摩書房（ちくまプリマー新書）2010年8月

「手をつなごうよ：フィリピン・ミンダナオ子ども図書館：日本にいちばん近いイスラム紛争地域での活動」松居友著 彩流社 2016年4月

「図書館のすべてがわかる本 3（日本と世界の図書館を見てみよう）」秋田喜代美監修;こどもくらぶ編 岩崎書店 2013年3月

「世界で活躍する仕事100：10代からの国際協力キャリアナビ」三菱UFJリサーチ&コンサルティング編 東洋経済新報社 2018年7月

「世界の言葉で「ありがとう」ってどう言うの？」池上彰著;稲葉茂勝著 今人舎 2012年8月

「政治のしくみを知るための日本の府省しごと事典 6」森田朗監修;こどもくらぶ編 岩崎書店 2018年3月

「知ろう!防ごう!自然災害 3（世界の自然災害と取り組み）」佐藤隆雄監修 岩崎書店 2011年3月

「地雷処理という仕事：カンボジアの村の復興記」高山良二著 筑摩書房（ちくまプリマー新書）2010年3月

「登り続ける、ということ。：山を登る 学校を建てる 災害とたたかう—ヒューマンノンフィクション」野口健著 学研プラス 2021年5月

「日本のすがた：日本をもっと知るための社会科資料集 2017」矢野恒太記念会編集 矢野恒太記念会 2017年3月

「日本のすがた：日本をもっと知るための社会科資料集 2018」矢野恒太記念会編集 矢野恒太記念会 2018年3月

世界の環境や国際協力を知る

「日本のすがた：日本をもっと知るための社会科資料集 2019」矢野恒太記念会編集 矢野恒太記念会 2019年3月

「日本のすがた：日本をもっと知るための社会科資料集 2020」矢野恒太記念会編集 矢野恒太記念会 2020年3月

「日本のすがた：日本をもっと知るための社会科資料集 2021」矢野恒太記念会編集 矢野恒太記念会 2021年3月

「日本のすがた：表とグラフでみる：日本をもっと知るための社会科資料集 2012」矢野恒太記念会編 矢野恒太記念会 2012年3月

「日本の国際協力がわかる事典：どんな活動をしているの？：災害救助から環境保護まで」造事務所編集・構成;牧田東一監修 PHP研究所 2012年2月

「日本の国際協力―世界にはばたく日本力」こどもくらぶ編さん ほるぷ出版 2011年11月

「武器ではなく命の水をおくりたい：中村哲医師の生き方」宮田律著 平凡社 2021年4月

「僕らが世界に出る理由」石井光太著 筑摩書房(ちくまプリマー新書) 2013年7月

「命を救う心を救う：途上国医療に人生をかける小児外科医「ジャパンハート」吉岡秀人」ふじもとみさと文 佼成出版社 2021年11月

「友情の輪パプアニューギニアの人たちと―はじめてのノンフィクションシリーズ」日野多香子文 佼成出版社 2017年9月

再生可能エネルギー

「いますぐ考えよう!未来につなぐ資源・環境・エネルギー 3 (エネルギーの自給自足を考える)」田中優著;山田玲司画 岩崎書店 2012年4月

「エネルギーと環境問題―世界と日本のエネルギー問題」小池康郎監修 文研出版 2012年12月

「エネルギーと人びとのくらし―世界と日本のエネルギー問題」小池康郎監修 文研出版 2012年10月

「エネルギー自給率を考える―世界と日本のエネルギー問題」小池康郎監修 文研出版 2013年1月

「エネルギー問題にたちむかう―世界と日本のエネルギー問題」小池康郎監修 文研出版 2013年2月

「カラー図解ストップ原発 3」新美景子著;飯田哲也監修 大月書店 2012年2月

「これからのエネルギー」槌屋治紀著 岩波書店(岩波ジュニア新書) 2013年6月

「なるほど低炭素社会―なるほどサイエンスシリーズ」茅陽一監修;牧野タカシ漫画 日本電気協会新聞部 2010年1月

「ハンドブック原発事故と放射能」山口幸夫著 岩波書店(岩波ジュニア新書) 2012年11月

世界の環境や国際協力を知る

「マンガで学ぶSDGs [3]」蟹江憲史監修 金の星社 2021年3月

「みどりの町をつくろう：災害をのりこえて未来をめざす」アランドラモンドさく；まつむらゆりこやく 福音館書店 2017年2月

「みんなが知りたい!地球と環境がわかる本―まなぶっく」北原義昭；菅澤紀生監修 メイツ出版 2010年7月

「みんなの命と生活をささえるインフラってなに? 4」こどもくらぶ編 筑摩書房 2017年11月

「もんじゅ君とみる!よむ!わかる!みんなの未来のエネルギー」もんじゅ君著；飯田哲也監修 河出書房新社 2012年7月

「よくわかる原子力とエネルギー 3」舘野淳監修 ポプラ社 2012年3月

「よくわかる再生可能エネルギー：地球と人にやさしい発電&節電&省エネ社会」矢沢サイエンスオフィス編著 学研教育出版 2012年2月

「わたしたちの地球環境と天然資源：環境学習に役立つ! 6」本間慎監修；こどもくらぶ編 新日本出版社 2018年8月

「環境負債：次世代にこれ以上ツケを回さないために」井田徹治著 筑摩書房（ちくまプリマー新書）2012年5月

「空から宝ものが降ってきた！：雪の力で未来をひらく」伊藤親臣著 旬報社 2016年2月

「見てわかる!エネルギー革命：気候変動から再生可能エネルギー、カーボンニュートラルまで―子供の科学サイエンスブックスNEXT」エネルギー総合工学研究所 著 誠文堂新光社 2022年1月

「見学!自然エネルギー大図鑑 1（太陽光・風力発電）」飯田哲也監修 偕成社 2012年3月

「見学!自然エネルギー大図鑑 2（地熱・小水力発電ほか）」飯田哲也監修 偕成社 2012年4月

「見学!自然エネルギー大図鑑 3（バイオマス・温度差発電ほか）」飯田哲也監修 偕成社 2012年4月

「今こそ考えよう!エネルギーの危機 2」藤野純一総監修 文溪堂 2012年3月

「今こそ考えよう!エネルギーの危機 3」藤野純一総監修 文溪堂 2012年3月

「今こそ考えよう!エネルギーの危機 4」藤野純一総監修 文溪堂 2012年3月

「再生可能エネルギーの大研究：自然の力を生かす!：太陽光から風力・バイオマスまで」どりむ社編；中谷内政之監修 PHP研究所 2010年6月

「再生可能エネルギーをもっと知ろう 1」安田陽監修 岩崎書店 2021年4月

「再生可能エネルギーをもっと知ろう 2」安田陽監修 岩崎書店 2021年3月

「再生可能エネルギーをもっと知ろう 3」安田陽監修 岩崎書店 2021年4月

「再生可能エネルギー図鑑―未来をつくる仕事がここにある」Looop監修；青山邦彦絵；日経BPコンサルティング編集 日経BP 2020年8月

世界の環境や国際協力を知る

「資源の大研究：日本の将来はどうなるの？：レアメタルから太陽エネルギーまで」柴田明夫監修 PHP研究所 2012年9月

「省エネの大研究：何ができる？どうすればいい？：家庭でできることから社会の取り組みまで」山川文子著 PHP研究所 2012年3月

「食卓からSDGsをかんがえよう! 3」稲葉茂勝著;服部幸應監修;こどもくらぶ編 岩崎書店 2021年1月

「図解でわかる14歳からの脱炭素社会」インフォビジュアル研究所著 太田出版 2021年5月

「図解未来を考えるみんなのエネルギー 2」小泉光久編著;明日香壽川監修 汐文社 2021年3月

「図解未来を考えるみんなのエネルギー 3」小泉光久編著;明日香壽川監修 汐文社 2021年3月

「生ごみからエネルギーをつくろう!」多田千佳ぶん;米林宏昌え 農山漁村文化協会 2020年2月

「太陽エネルギーがひらく未来―東京理科大学坊ちゃん科学シリーズ；1」東京理科大学出版センター編著 東京書籍 2012年6月

「太陽エネルギーの大研究：クリーンで無限大!：身近な利用から宇宙太陽光発電まで」小澤祥司著 PHP研究所 2012年1月

「知っていますか？SDGs：ユニセフとめざす2030年のゴール：世界の未来を変える17の目標"SDGs"入門書」日本ユニセフ協会著 さ・え・ら書房 2018年9月

「長沼毅の世界は理科でできている エネルギー」長沼毅監修 ほるぷ出版 2014年2月

「東日本大震災伝えなければならない100の物語 第10巻（未来へ）」学研教育出版著 学研教育出版 2013年2月

「日本のエネルギー、これからどうすればいいの？―中学生の質問箱」小出裕章著 平凡社 2012年5月

「日本の環境技術―世界にはばたく日本力」こどもくらぶ編さん ほるぷ出版 2011年2月

「風くんと電気ちゃんの大ぼうけん：よくわかる風力発電のしくみ」牛山泉監修;斉藤道子文;林幸絵 ポプラ社 2015年3月

「風の島へようこそ：くりかえしつかえるエネルギー」アラン・ドラモンドさく;まつむらゆりこやく 福音館書店 2012年2月

「未来をつくるこれからのエコ企業 2（新エネルギーに挑戦!海洋温度差発電）」孫奈美編著 汐文社 2013年11月

砂漠化

「黄砂にいどむ：緑の高原をめざして」高橋秀雄作 新日本出版社 2016年2月

世界の環境や国際協力を知る

酸性雨

「海は地球のたからもの 1」保坂直紀著 ゆまに書房 2019年11月

「地球の危機をさけぶ生きものたち 2」藤原幸一写真・文 少年写真新聞社 2018年1月

森林保護、自然保護

「グレタ・トゥーンベリ」ヴィヴィアナ・マッツァ著;赤塚きょう子訳 金の星社 2020年4月

「コーヒー豆を追いかけて：地球が抱える問題が熱帯林で見えてくる」原田一宏著 くもん出版 2018年3月

「サンゴ礁のすがた─100の知識；第4期」カミラ・ド・ラ・ベドワイエール著;渡辺政隆日本語版監修 文研出版 2011年9月

「にっぽん自然再生紀行：散策ガイド付き」鷲谷いづみ著 岩波書店(岩波科学ライブラリー) 2010年4月

「ビアトリクス・ポター物語：ピーターラビットと自然を守った人」キャティ・ウーリー文;ジニー・スー絵;中井はるの訳;河野芳英監修 化学同人 2023年9月

「みんなでかんがえよう!生物多様性と地球環境 3 (世界の多様な生きものと環境)」コンサベーション・インターナショナル編;田多浩美文 岩崎書店 2010年10月

「みんなの地球を守るには?」エリーズ・ルソー 文;ロベール 絵;服部雄一郎 訳 KTC中央出版 2022年6月

「めぐみの森」藤原幸一しゃしん・ぶん 新日本出版社 2019年4月

「やんばるの森：世界が注目する南の島」湊和雄写真・文 少年写真新聞社 2018年10月

「わたしたちの地球環境と天然資源：環境学習に役立つ! 2」本間慎監修;こどもくらぶ編 新日本出版社 2018年5月

「ワンガリ・マータイ = Wangari Muta Maathai：「MOTTAINAI」で地球を救おう：環境保護運動家〈ケニア〉─ちくま評伝シリーズ〈ポルトレ〉」筑摩書房編集部著 筑摩書房 2014年12月

「黄砂にいどむ：緑の高原をめざして」髙橋秀雄作 新日本出版社 2016年2月

「環境負債：次世代にこれ以上ツケを回さないために」井田徹治著 筑摩書房(ちくまプリマー新書) 2012年5月

「結局、ウナギは食べていいのか問題」海部健三著 岩波書店(岩波科学ライブラリー) 2019年7月

「国際協力ってなんだろう：現場に生きる開発経済学」高橋和志;山形辰史編著 岩波書店(岩波ジュニア新書) 2010年11月

「時代を切り開いた世界の10人：レジェンドストーリー 2」髙木まさき監修 学研教育出版 2014年2月

世界の環境や国際協力を知る

「自然保護クイズ―地球を守れめざせ!エコクイズマスター」ワン・ステップ編 金の星社 2011年3月

「湿地の大研究：生きものたちがたくさん！：役割から保全の取り組みまで」遊磨正秀監修 PHP研究所 2011年5月

「森が消えれば海も死ぬ：陸と海を結ぶ生態学 第2版」松永勝彦著 講談社(ブルーバックス) 2010年2月

「人の心に木を植える：「森は海の恋人」30年」畠山重篤著;スギヤマカナヨ絵 講談社 2018年5月

「人類最後の日：生き延びるために、自然の再生を」宮脇昭著 藤原書店 2015年2月

「図解でわかる14歳から知る生物多様性」インフォビジュアル研究所 著 太田出版 2022年11月

「大人になっていくあなたへ：未来のために、身につけておきたい大切なこと」酒井和典著 PHPエディターズ・グループ 2018年11月

「地球の危機をさけぶ生きものたち 2」藤原幸一写真・文 少年写真新聞社 2018年1月

「池の水をぬいた!ため池の外来生物がわかる本」加藤英明文;越井隆イラストレーション 徳間書店 2018年8月

「鉄は魔法つかい：命と地球をはぐくむ「鉄」物語」畠山重篤著;スギヤマカナヨ絵 小学館 2011年6月

「日本人にとって自然とはなにか」宇根豊著 筑摩書房(ちくまプリマー新書) 2019年7月

「未来につなごう身近ないのち：あなたに考えてほしいこと―よくわかる生物多様性；1」中山れいこ著;中井克樹監修 くろしお出版 2010年10月

水質汚染

「すべて分析化学者がお見通しです!：薬物から環境まで微量でも検出するスゴ腕の化学者」津村ゆかり著;立木秀尚著;高山透著;堀野善司著 技術評論社 2011年3月

「ニニとマキ：未来の選択」Erina.M著 総合地球環境学研究所SRIREPPROJECT 2023年11月

「マンガで学ぶSDGs [1]」蟹江憲史監修 金の星社 2021年2月

「永遠の化学物質(フォーエバー・ケミカル)水のPFAS汚染」ジョン・ミッチェル著;小泉昭夫著;島袋夏子著;阿部小涼訳 岩波書店 2020年8月

「減り続ければいなくなる!?日本サンショウウオ探検記 = Journeys to find salamanders in Japan」関慎太郎写真・文 少年写真新聞社 2021年5月

「水と人びとの健康―世界と日本の水問題」橋本淳司著 文研出版 2011年1月

「川ナビブック：めざせ!川博士 3」教育画劇 2010年4月

「地球環境から学ぼう!私たちの未来 第2巻 (このままでは地球はどうなる?)」塩瀬治編 星の環会 2011年4月

世界の環境や国際協力を知る

「池上彰のニュースに登場する世界の環境問題2(水)」稲葉茂勝訳・文;サラ・レベーテ原著;池上彰監修 さ・え・ら書房 2010年4月

「琵琶湖のカルテ：科学者たちからのメッセージ—文研じゅべにーる・ノンフィクション」今関信子著 文研出版 2010年9月

大気汚染

「すべて分析化学者がお見通しです！：薬物から環境まで微量でも検出するスゴ腕の化学者」津村ゆかり著;立木秀尚著;高山透著;堀野善司著 技術評論社 2011年3月

「ニニとマキ：未来の選択」Erina.M著 総合地球環境学研究所SRIREPPROJECT 2023年11月

「気候変動何がおこる?何ができる?」アンドレア・ミノリオ文;ラウラ・ファネッリ絵;関口英子訳;江守正多日本語版監修 大月書店 2021年11月

「空気中に浮遊する放射性物質の疑問25：放射性エアロゾルとは—みんなが知りたいシリーズ;6」日本エアロゾル学会編;五十嵐康人著;長田直之著;福津久美子著 成山堂書店 2017年12月

「地球をめぐる不都合な物質：拡散する化学物質がもたらすもの」日本環境化学会編著 講談社(ブルーバックス) 2019年6月

「地球環境から学ぼう!私たちの未来 第2巻 (このままでは地球はどうなる?)」塩瀬治編 星の環会 2011年4月

ハリケーン

「セリト、どうみえる? = Serito,what do you see?：セリトの願いは地球を救うこと」ソイラ・ゴンサレス・ベネガス原作・絵;タケシタナカ文 今人舎 2019年2月

【国際問題について知る】

移民、難民

「〈超・多国籍学校〉は今日もにぎやか!:多文化共生って何だろう」菊池聡著 岩波書店(岩波ジュニア新書) 2018年11月

「「移民国家」としての日本:共生への展望」宮島喬著 岩波書店(岩波新書新赤版) 2022年11月

「「生き場」を探す日本人―平凡社新書」下川裕治著 平凡社 2011年6月

「イスラエルとは何か―平凡社新書」ヤコヴ・M.ラブキン著;菅野賢治訳 平凡社 2012年6月

「いのち」星野昌子文;鈴木耐子絵 NSK出版 2012年7月

「オマルとハッサン:4歳で難民になったぼくと弟の15年」ヴィクトリア・ジェミスン作;オマル・モハメド原案;イマン・ゲディ彩色;中山弘子訳;滝澤三郎監修 合同出版 2021年5月

「ギャングを抜けて。:僕は誰も殺さない」工藤律子著 合同出版 2018年6月

「ジプシーを訪ねて」関口義人著 岩波書店(岩波新書新赤版) 2011年1月

「ズラータ、16歳の日記:ウクライナから来た少女」ズラータ・イヴァシコワ 文・絵 世界文化ブックス 2022年10月

「だれも知らない子供たち:知られざるビルマ(ミャンマー)難民キャンプの暮らし:生まれてから外の世界をまったく知らない鉄条網の中で暮らす難民キャンプの子供たち」京極正典監修・文;鷲尾美津子編 エンタイトル出版 2010年11月

「となりの外国人」芹澤健介著 マイナビ出版(マイナビ新書) 2019年12月

「となりの難民:日本が認めない99%の人たちのSOS」織田朝日著 旬報社 2019年11月

「なんみんってよばないで。」ケイト・ミルナーさく;こでらあつこやく 合同出版 2019年9月

「ハニーンちゃんのお人形」加藤ユカリ文;樮野ヒカリ絵 めるくまーる 2010年2月

「バロテッリ=Balotelli:黒い肌のイタリア人エース―ポプラ社ノンフィクション」マイケル・パート著;樋渡正人訳 ポプラ社 2015年9月

「ヒトラーとUFO:謎と都市伝説の国ドイツ―平凡社新書」篠田航一著 平凡社 2018年6月

「ふるさとをさがして:難民のきもち、寄り添うきもち」根本かおる著 学研教育出版 2012年12月

「まいごのねこ:ほんとうにあった、難民のかぞくのおはなし」畠山重篤著;スギヤマカナヨ絵 岩崎書店 2018年5月

「ママとマハ:パレスチナに生きるふたり」高橋美香文・写真 かもがわ出版 2023年1月

「まんがクラスメイトは外国人 課題編」「外国につながる子どもたちの物語」編集委員会編;みなみななみまんが 明石書店 2020年2月

国際問題について知る

「モスクへおいでよ―ノンフィクション・いまを変えるチカラ」瀧井宏臣著 小峰書店 2018年11月

「やさしい日本語：多文化共生社会へ」庵功雄著 岩波書店(岩波新書新赤版) 2016年8月

「やっちゃんと3人のお母さん：ある中国残留日本人孤児のお話」荒木昭夫文;神門やす子え;平和・原発・くらしを考える会編 ウインかもがわ 2018年6月

「ようこそ!わたしの町へ：家をはなれてきた人たちと：あなたの町から世界を変えよう」ミアリー・ホワイトヒル 文;ジェニファー・ジャクソン 文;ノマー・ペレズ 絵;上田勢子 訳;堀切リエ 訳 子どもの未来社 2022年8月

「ようこそ、難民! = Flüchtlinge Willkommen!：100万人の難民がやってきたドイツで起こったこと」今泉みね子著 合同出版 2018年2月

「ルポ難民追跡：バルカンルートを行く」坂口裕彦著 岩波書店(岩波新書新赤版) 2016年10月

「移動する人口―世界と日本の人口問題」鬼頭宏監修 文研出版 2014年1月

「移民や難民ってだれのこと?」マイケル・ローゼン著;アンネマリー・ヤング著;小島亜佳莉訳 創元社(国際化の時代に生きるためのQ&A) 2018年9月

「移民国家アメリカの歴史」貴堂嘉之著 岩波書店(岩波新書新赤版) 2018年10月

「感動する仕事!泣ける仕事!：お仕事熱血ストーリー 第2期 5 (小さな一歩が世界を変える)」日本児童文芸家協会編 学研教育出版 2012年2月

「教えて!タリバンのこと：世界の見かたが変わる緊急講座―MSLive!BOOKS」内藤正典著 ミシマ社 2022年3月

「故郷の味は海をこえて：「難民」として日本に生きる―平和」安田菜津紀著・写真 ポプラ社(ポプラ社ノンフィクション) 2019年11月

「国境なき助産師が行く：難民救助の活動から見えてきたこと」小島毬奈著 筑摩書房(ちくまプリマー新書) 2018年10月

「今、世界はあぶないのか?難民と移民―評論社の児童図書館・絵本の部屋」セリ・ロバーツ文;ハナネ・カイ絵;大山泉訳 評論社 2017年10月

「差別と人権：差別される子どもたち―続・世界の子どもたちは今」アムネスティ・インターナショナル日本編著 絵本塾出版 2013年2月

「在日朝鮮人：歴史と現在」水野直樹著;文京洙著 岩波書店(岩波新書新赤版) 2015年1月

「支える、支えられる、支え合う」サヘル・ローズ編著 岩波書店(岩波ジュニアスタートブックス) 2021年11月

「私はどこで生きていけばいいの?」ローズマリー・マカーニー 文;西田佳子訳 西村書店東京出版編集部(世界に生きる子どもたち) 2018年6月

「写真で伝える仕事：世界の子どもたちと向き合って」安田菜津紀著 日本写真企画 2017年3月

国際問題について知る

「緒方貞子―波乱に満ちておもしろい!ストーリーで楽しむ伝記 ; 10」小手鞠るい 著;佐竹美保 絵 岩崎書店 2022年3月

「人口激減:移民は日本に必要である」毛受敏浩著 新潮社(新潮新書) 2011年9月

「杉原千畝:命のビザ」石崎洋司文;山下和美絵 講談社(講談社火の鳥伝記文庫) 2018年7月

「世界のいまを伝えたい:フォトジャーナリスト久保田弘信」久保田弘信著 汐文社 2019年1月

「世界の難民の子どもたち 1」アンディ・グリン作;難民を助ける会監修;いわたかよこ訳 ゆまに書房 2016年10月

「世界の難民の子どもたち 2」アンディ・グリン作;難民を助ける会監修;いわたかよこ訳 ゆまに書房 2016年10月

「世界の難民の子どもたち 3」アンディ・グリン作;難民を助ける会監修;いわたかよこ訳 ゆまに書房 2016年10月

「世界の難民の子どもたち 4」アンディ・グリン作;難民を助ける会監修;いわたかよこ訳 ゆまに書房 2016年10月

「世界の難民の子どもたち 5」アンディ・グリン作;難民を助ける会監修;いわたかよこ訳 ゆまに書房 2016年10月

「世界の美しさをひとつでも多く見つけたい―未来へのトビラ ; File No.007」石井光太著 ポプラ社(ポプラ選書) 2019年4月

「戦火の子どもたちに学んだこと:アフガン、イラクから福島までの取材ノート―13歳からのあなたへ」西谷文和著 かもがわ出版 2012年7月

「知っていますか、朝鮮学校」朴三石著 岩波書店(岩波ブックレット) 2012年8月

「池上彰と考える戦争の現代史 3」池上彰監修 ポプラ社 2016年4月

「池上彰の世界の見方 = Akira Ikegami,How To See the World 中東」池上彰著 小学館 2017年8月

「読み聞かせる戦争 新装版」日本ペンクラブ編;加賀美幸子選 光文社 2015年7月

「内戦の地に生きる:フォトグラファーが見た「いのち」」橋本昇著 岩波書店(岩波ジュニア新書) 2019年4月

「難民に希望の光を 真の国際人緒方貞子の生き方」中村恵 著 平凡社 2022年2月

「難民の?がわかる本」木下理仁著;山中正大イラスト 太郎次郎社エディタス 2023年4月

「難民選手団:オリンピックを目指した7人のストーリー」杉田七重文;国連UNHCR協会監修;ちーこ絵 KADOKAWA(角川つばさ文庫) 2021年7月

「日本の国際協力―世界にはばたく日本力」こどもくらぶ編さん ほるぷ出版 2011年11月

「紛争・迫害の犠牲になる難民の子どもたち」国連難民高等弁務官事務所 著;櫛田理絵 訳 合同出版 2022年2月

国際問題について知る

「未来をつくるあなたへ」中満泉著 岩波書店(岩波ジュニアスタートブックス) 2021年3月

「命のビザで旅した子どもたち ＝ Children and the Visas for Life：暗やみから光さすほうへ」高橋文著 岐阜新聞社 2021年8月

「約束の国への長い旅：杉原千畝が世界に残した記憶」篠輝久著 清水書院 2018年9月

「両手を奪われても：シエラレオネの少女マリアトゥ」マリアトゥ・カマラ共著；スーザン・マクリーランド共著；村上利佳訳 汐文社 2012年12月

「隣人のあなた：「移民社会」日本でいま起きていること」安田菜津紀著 岩波書店(岩波ブックレット) 2022年11月

エネルギー問題

「14歳からの原発問題—14歳の世渡り術」雨宮処凛著 河出書房新社 2011年9月

「データでわかる世界と日本のエネルギー大転換」レスター・R.ブラウン著；枝廣淳子著 岩波書店(岩波ブックレット) 2016年1月

「どうなる？日本のエネルギー問題。：再生可能エネルギーと分散型ネットワークが鍵！：45分でわかる！—Magazine house 45 minutes series；#16」小林義行著 マガジンハウス 2011年9月

「次に来る日本のエネルギー危機：ウクライナ戦争で激変した地政学リスク—青春新書INTELLIGENCE」熊谷徹著 青春出版社 2023年8月

「太陽エネルギーがひらく未来—東京理科大学坊ちゃん科学シリーズ；1」東京理科大学出版センター編著 東京書籍 2012年6月

「地球温暖化：電気の話と、私たちにできること」田中優著 扶桑社(扶桑社新書) 2021年9月

「地球温暖化を解決したい：エネルギーをどう選ぶ？」小西雅子著 岩波書店(岩波ジュニアスタートブックス) 2021年3月

「電力危機：乗りきるための提案、この先50年を支えるための提言—Dis+cover science;8」山田興一著；田中加奈子著 ディスカヴァー・トゥエンティワン(Dis+cover science;8) 2011年6月

「日本のエネルギー、これからどうすればいいの？—中学生の質問箱」小出裕章著 平凡社 2012年5月

「熱力学がわかる：何に使えるか分からなければ、意味がない：エネルギー問題の解決に役立つ熱力学」石原敦著；中原真也著 技術評論社 2013年6月

核兵器

「13歳からの平和教室」浅井基文著 かもがわ出版 2010年8月

「Messageヒロシマ・ナガサキそしてフクシマからあなたに届けます。」広島あおむしグループ布の絵本制作；長崎北部ゆりの会布の絵本制作 梨の木舎 2015年8月

「いしぶみ：広島二中一年生全滅の記録 新装版」広島テレビ放送編 ポプラ社 2015年7月

「イラストで学べる政治のしくみ 3 (日本の政治と国際社会)」大野一夫著 汐文社 2013年3月

国際問題について知る

「カラー図解ストップ原発 4」高橋真樹著;辻信一監修;水野あきらイラスト 大月書店 2012年3月

「きみに聞いてほしい：広島に来た大統領」バラク・オバマ述;池上彰訳;葉祥明画 リンダパブリッシャーズ 2016年12月

「この思いを聞いてほしい！：10代のメッセージ」池田香代子編著 岩波書店(岩波ジュニア新書) 2014年9月

「ニュースに出てくる国際条約じてん 2 (軍事と平和)」池上彰監修;こどもくらぶ編 彩流社 2015年3月

「ヒロシマ、ナガサキ、フクシマ：原子力を受け入れた日本」田口ランディ著 筑摩書房(ちくまプリマー新書) 2011年9月

「よくわかる原子力とエネルギー 2」舘野淳監修 ポプラ社 2012年3月

「わたしのこころ：平和と命の大切さ」てるいももよさく;サトゥー芳美え 文芸社 2018年12月

「猿橋勝子：女性科学者の先駆者—はじめて読む科学者の伝記」清水洋美文;野見山響子絵 汐文社 2021年3月

「絵で見てわかる核兵器禁止条約ってなんだろう？」川崎哲監修 旬報社 2021年9月

「核のごみをどうするか：もう一つの原発問題」今田高俊著;寿楽浩太著;中澤高師著 岩波書店(岩波ジュニア新書) 2023年4月

「核廃絶へのメッセージ：被爆地の一角から」土山秀夫著 日本ブックエース(平和文庫) 2011年6月

「核兵器はなくせる」川崎哲著 岩波書店(岩波ジュニア新書) 2018年7月

「核兵器禁止から廃絶へ」川崎哲著 岩波書店(岩波ブックレット) 2021年12月

「語りつごうヒロシマ・ナガサキ：シリーズ戦争 4 (核兵器とはどういうものか)」安斎育郎文・監修 新日本出版社 2015年3月

「高校生からわかる原子力—池上彰の講義の時間」池上彰著 ホーム社 2012年5月

「戦争とは何だろうか」西谷修著 筑摩書房(ちくまプリマー新書) 2016年7月

「日本のエネルギー、これからどうすればいいの？—中学生の質問箱」小出裕章著 平凡社 2012年5月

「八月九日のサンタクロース：長崎原爆と被爆者：ジュニア平和館」西岡由香マンガと文 凱風社 2010年2月

「被爆医師のヒロシマ：21世紀を生きる君たちに」肥田舜太郎著 新日本出版社 2013年7月

「本当の戦争の話をしよう：世界の「対立」を仕切る」伊勢﨑賢治著 朝日出版社 2015年1月

「未来をつくるあなたへ」中満泉著 岩波書店(岩波ジュニアスタートブックス) 2021年3月

国際問題について知る

核兵器＞反核

「13歳から考える戦争入門：なぜ、戦争はなくならないのか？」長谷川敦著;増田ユリヤ監修;かみゆ歴史編集部編 旬報社 2023年12月

「INORI」綾野まさる著;佐々木雅弘監修 ハート出版 2010年12月

「この思いを聞いてほしい！：10代のメッセージ」池田香代子編著 岩波書店(岩波ジュニア新書) 2014年9月

「核兵器はなくせる」川崎哲著 岩波書店(岩波ジュニア新書) 2018年7月

「核兵器を禁止する」川崎哲著 岩波書店(岩波ブックレット) 2014年8月

「核兵器禁止から廃絶へ」川崎哲著 岩波書店(岩波ブックレット) 2021年12月

「五八年後の原爆：少女が見たあの日の河原」花垣ルミ語り;鶴岡たか絵;黒岩晴子編集 日本機関紙出版センター 2021年8月

「被爆アオギリと生きる：語り部・沼田鈴子の伝言」広岩近広著 岩波書店(岩波ジュニア新書) 2013年4月

「僕の仕事は、世界を平和にすること。―探究のDOOR；1」川崎哲著 旬報社 2023年6月

飢餓、貧困、飢饉

「〈株〉貧困大国アメリカ」堤未果著 岩波書店(岩波新書 新赤版) 2013年6月

「「干天の慈雨」と呼ばれた西嶋八兵衛さんの挑戦」本條忠應著 文芸社 2023年9月

「10代からのSDGs：輝く心と学ぶ喜びを」野田将晴 著 高木書房 2022年4月

「10代からの社会学図鑑」クリス・ユール著;クリストファー・ソープ著;ミーガン・トッド監修;田中真知訳 三省堂 2018年12月

「12歳までに身につけたいSDGsの超きほん―未来のキミのためシリーズ」蟹江憲史監修 朝日新聞出版 2021年7月

「14歳からわかる生活保護―14歳の世渡り術」雨宮処凛著 河出書房新社 2012年10月

「14歳から考えたい貧困」フィリップ・N・ジェファーソン著;神林邦明訳 すばる舎 2021年12月

「17歳のあなたへ」福峯静香著 療育ファミリーサポートほほえみ 2013年12月

「30代記者たちが出会った戦争：激戦地を歩く」共同通信社会部編 岩波書店(岩波ジュニア新書) 2016年7月

「SDGsは地理で学べ」宇野仙著 筑摩書房(ちくまプリマー新書) 2022年10月

「SDGs入門：未来を変えるみんなのために」蟹江憲史著 岩波書店(岩波ジュニアスタートブックス) 2021年9月

「アフガニスタン勇気と笑顔 新版」内堀タケシ写真・文 国土社 2020年11月

国際問題について知る

「アフリカで、バッグの会社はじめました:寄り道多め仲本千津の進んできた道」江口絵理著 さ・え・ら書房 2023年6月

「アルパカ・キングのロッキー」メアリー・C.キング原作;リンゼイ・R.アナン写真;真理絵・コパ文 本の森 2010年8月

「おかえり、またあえたね:ストリートチルドレン・トトのものがたり」石井光太文;櫻井敦子絵 東京書籍 2011年2月

「ジュニアのための貧困問題入門:人として生きるために」久保田貢編 平和文化 2010年10月

「その笑顔の向こう側:シリーズ知ってほしい!世界の子どもたち 1」米倉史隆写真・文 新日本出版社 2017年10月

「ソンジュの見た星:路上で生きぬいた少年」リソンジュ著;スーザン・マクレランド著;野沢佳織訳 徳間書店 2019年5月

「なんにもないけどやってみた:プラ子のアフリカボランティア日記」栗山さやか著 岩波書店(岩波ジュニア新書)2011年10月

「パヤタスに降る星 = A starry night in payatas:ごみ山の子どもたちから届いたいのちの贈り物」山口千恵子文;葉祥明絵 中央法規出版 2016年2月

「まんがクラスメイトは外国人 課題編」「外国につながる子どもたちの物語」編集委員会編;みなみななみまんが 明石書店 2020年2月

「マンガで学ぶSDGs [2]」蟹江憲史監修 金の星社 2021年3月

「みんなでつくろう!サステナブルな社会 = Sustainable Society:未来へつなぐSDGs 2」九里徳泰監修 小峰書店 2021年4月

「みんな地球に生きるひと Part4 (わたしもぼくも地球人)」アグネス・チャン著 岩波書店(岩波ジュニア新書) 2014年7月

「わたしは女の子だから:世界を変える夢をあきらめない子どもたち」ローズマリー・マカーニー文;ジェン・オールバー文;プラン・インターナショナル文;西田佳子訳 西村書店東京出版編集部 2019年3月

「遠くの人と手をつなぐ:SOSの届け方―世界をカエル10代からの羅針盤」千葉望著 理論社 2023年7月

「家族農業が世界を変える 1」関根佳恵監修・著 かもがわ出版 2021年10月

「海の向こうにかかる虹」hanachan文;beri.絵 鳥影社 2010年6月

「国境なき助産師が行く:難民救助の活動から見えてきたこと」小島毬奈著 筑摩書房(ちくまプリマー新書) 2018年10月

「国際協力ってなんだろう:現場に生きる開発経済学」髙橋和志;山形辰史編著 岩波書店(岩波ジュニア新書) 2010年11月

「今解き教室サイエンス:JSEC junior:未来の科学技術を考える:入試にも役立つ教材 vol.3(2020)」朝日新聞著 朝日新聞社 2020年7月

国際問題について知る

「写真で伝える仕事：世界の子どもたちと向き合って」安田菜津紀著 日本写真企画 2017年3月

「食べものから学ぶ世界史：人も自然も壊さない経済とは？」平賀緑著 岩波書店（岩波ジュニア新書）2021年7月

「食べものが足りない！：食料危機問題がわかる本」井出留美 著；手塚雅恵 絵 旬報社 2022年1月

「水の未来：グローバルリスクと日本」沖大幹著 岩波書店（岩波新書新赤版）2016年3月

「世の中を知る、考える、変えていく：高校生からの社会科学講義」飯田高編；近藤絢子編；砂原庸介編；丸山里美編 有斐閣 2023年7月

「世界の国1位と最下位：国際情勢の基礎を知ろう」眞淳平著 岩波書店（岩波ジュニア新書）2010年9月

「世界の女性問題1（貧困、教育、保健）」プラン・ジャパン監修；関橋眞理著 汐文社 2013年10月

「世界の人びとに聞いた100通りの平和 シリーズ2」伊勢﨑賢治監修 かもがわ出版 2015年11月

「世界の美しさをひとつでも多く見つけたい―未来へのトビラ；File No.007」石井光太著 ポプラ社（ポプラ選書）2019年4月

「世界を救うパンの缶詰」菅聖子文；やましたこうへい絵 ほるぷ出版 2017年10月

「知っていますか？SDGs：ユニセフとめざす2030年のゴール：世界の未来を変える17の目標 "SDGs"入門書」日本ユニセフ協会著 さ・え・ら書房 2018年9月

「池上彰のニュースに登場する世界の環境問題3（食糧）」稲葉茂勝訳・文；サラ・レベーテ原著；池上彰監修 さ・え・ら書房 2010年4月

「池上彰のニュースに登場する世界の環境問題5（健康・病気）」稲葉茂勝訳・文；サラ・レベーテ原著；池上彰監修 さ・え・ら書房 2010年4月

「池上彰のニュースに登場する世界の環境問題8（貧困）」稲葉茂勝訳・文；キャサリン・チャンバーズ原著；池上彰監修 さ・え・ら書房 2011年3月

「中村哲物語：大地をうるおし平和につくした医師」松島恵利子 著 汐文社 2022年7月

「日本は世界で何番目？2」藤田千枝編 大月書店 2013年12月

「娘と話す世界の貧困と格差ってなに？」勝俣誠著 現代企画室 2016年10月

北朝鮮による日本人拉致問題

「13歳からの拉致問題：弟と家族の物語―13歳からのあなたへ」蓮池透著 かもがわ出版 2013年2月

「いのちの授業：横田めぐみさんが教えてくれたこと」横田滋・早紀江&中学生たち著；フォレストブックス編 いのちのことば社フォレストブックス（ForestBooks）2015年6月

国際問題について知る

「朝鮮半島がわかる本 3（第二次世界大戦後現在まで）」長田彰文監修;津久井惠文 かもがわ出版 2016年2月

「日本はなぜ世界で認められないのか：「国際感覚」のズレを読み解く―平凡社新書」柴山哲也著 平凡社 2012年4月

「日本を守るため、明日から戦えますか？：13歳から考える安全保障」葛城奈海著 ビジネス社 2023年6月

基地問題

「イラストで学べる政治のしくみ 3（日本の政治と国際社会）」大野一夫著 汐文社 2013年3月

「この思いを聞いてほしい！：10代のメッセージ」池田香代子編著 岩波書店（岩波ジュニア新書）2014年9月

「これだけは知っておきたいよねおきなわのこと：少年・少女のためのウチナー総合学習書」新城俊昭著 編集工房東洋企画 2021年3月

「はじめて学ぶ憲法教室 第4巻（憲法9条と沖縄）」菅間正道著 新日本出版社 2015年2月

「沖縄の基地の間違ったうわさ：検証34個の疑問」佐藤学編;屋良朝博編 岩波書店（岩波ブックレット）2017年11月

「語りつごう沖縄：シリーズ戦争 4」安斎育郎文・監修;普天間朝佳文・監修 新日本出版社 2019年4月

「語り伝える東京大空襲：ビジュアルブック 第5巻（いのちと平和の尊さを）」東京大空襲・戦災資料センター編;早乙女勝元監修 新日本出版社 2011年3月

「日米安保Q&A：「普天間問題」を考えるために」「世界」編集部編;水島朝穂著;古関彰一著;屋良朝博著;明田川融著;前泊博盛著;久江雅彦著;半田滋著 岩波書店（岩波ブックレット）2010年9月

「日本にとって沖縄とは何か」新崎盛暉著 岩波書店（岩波新書新赤版）2016年1月

国際問題一般

「図解はじめて学ぶみんなの政治」アレックス・フリス文;ロージー・ホア文;ルイ・ストーウェル文;ケラン・ストーバーイラスト;ヒューゴ・ドローションオリジナル監修;ダニエル・ヴィーホフオリジナル監修;浜崎絵梨訳;国分良成監修 晶文社 2019年1月

児童労働

「イクバルと仲間たち：児童労働にたちむかった人々―ノンフィクション・Books」スーザン・クークリン著;長野徹訳;赤塚きょう子訳 小峰書店 2012年9月

「きみはどう考える?人権ってなんだろう 3」喜多明人監修 汐文社 2021年3月

「マララとイクバル：パキスタンのゆうかんな子どもたち」ジャネット・ウィンターさく;道傳愛子やく 岩崎書店 2015年3月

国際問題について知る

「開発と破壊：生活をこわされる子どもたち―続・世界の子どもたちは今」アムネスティ・インターナショナル日本編著 絵本塾出版 2013年1月

「理科と社会がぐっとすきになるエコのとびら 3」SAPIX環境教育センター企画・編集 代々木ライブラリー 2021年7月

宗教問題

「13歳にもわかるキリスト教―キリスト教スタディーブック・シリーズ；4」美濃部信著 新教出版社 2016年1月

「池上彰の宗教がわかれば世界が見える」池上彰著 文藝春秋(文春新書) 2011年7月

食品ロス

「SDGsをかなえるモノづくり：発見!わたしの町のスゴイ会社. 1」手島利夫監修 理論社 2023年5月

「SDGs時代の食べ方：世界が飢えるのはなぜ?」井出留美著 筑摩書房(ちくまQブックス) 2021年10月

「やさしくわかる食品ロス：捨てられる食べ物を減らすために知っておきたいこと―未来につなげる・みつけるSDGs」西岡真由美著；小野﨑理香絵 技術評論社 2023年12月

「今日からなくそう!食品ロス：わたしたちにできること 1」上村協子監修;幸運社編 汐文社 2020年8月

「今日からなくそう!食品ロス：わたしたちにできること 2」上村協子監修;幸運社編 汐文社 2020年9月

「今日からなくそう!食品ロス：わたしたちにできること 3」上村協子監修;幸運社編 汐文社 2020年10月

「自分で見つける!社会の課題 1」NHK「ドスルコスル」制作班編;田村学監修 NHK出版 (NHKforSchoolドスルコスル) 2021年11月

「食卓からSDGsをかんがえよう! 1」稲葉茂勝著;服部幸應監修;こどもくらぶ編 岩崎書店 2020年12月

「食卓からSDGsをかんがえよう! 2」稲葉茂勝著;服部幸應監修;こどもくらぶ編 岩崎書店 2021年2月

「食品ロス：持続的な社会を考えよう. [1]」井出留美監修;スタジオダンク編・著 金の星社 2023年2月

「食品ロス：持続的な社会を考えよう. [2]」井出留美監修;スタジオダンク編・著 金の星社 2023年3月

「食品ロス：持続的な社会を考えよう. [3]」井出留美監修;スタジオダンク編・著 金の星社 2023年3月

国際問題について知る

「食品ロスはなぜ減らないの?」小林富雄著 岩波書店(岩波ジュニアスタートブックス) 2022年6月

「食品ロスをなくそう!―SDGs地球のためにできること ; 1」井出留美監修 国土社 2023年6月

「知ろう!減らそう!食品ロス 1」小林富雄監修 小峰書店 2020年4月

「知ろう!減らそう!食品ロス 2」小林富雄監修 小峰書店 2020年4月

「知ろう!減らそう!食品ロス 3」小林富雄監修 小峰書店 2020年4月

「理科と社会に役立つエコのとびら 4」SAPIX環境教育センター 企画・編集 代々木ライブラリー 2022年7月

植民地

「〈男文化〉よ、さらば : 植民地、戦争、原発を語る」辛淑玉著;富山妙子著 岩波書店(岩波ブックレット) 2013年9月

「くらしをくらべる戦前・戦中・戦後 2」古舘明廣著 岩崎書店 2021年2月

「移動する人口―世界と日本の人口問題」鬼頭宏監修 文研出版 2014年1月

「語り伝えるアジア・太平洋戦争 : ビジュアルブック 第1巻 (開戦への道のり)」吉田裕文・監修 新日本出版社 2011年12月

「語り伝えるアジア・太平洋戦争 : ビジュアルブック 第2巻 (アジア・太平洋戦争の開戦)」吉田裕文・監修 新日本出版社 2012年1月

「在日朝鮮人 : 歴史と現在」水野直樹著;文京洙著 岩波書店(岩波新書新赤版) 2015年1月

「在日朝鮮人ってどんなひと?―中学生の質問箱」徐京植著 平凡社 2012年1月

「植民地朝鮮と日本」趙景達著 岩波書店(岩波新書新赤版) 2013年12月

「朝鮮半島がわかる本 2 (近代から第二次世界大戦まで)」長田彰文監修;津久井惠文 かもがわ出版 2015年12月

「帝国主義を歴史する―歴史総合パートナーズ ; 8」大澤広晃著 清水書院 2019年7月

「二〇世紀の歴史」木畑洋一著 岩波書店(岩波新書新赤版) 2014年9月

「領土を考える 2」松竹伸幸著 かもがわ出版 2013年2月

食糧問題、食糧危機

「13歳からの食と農 : 家族農業が世界を変える」関根佳恵著 かもがわ出版 2020年11月

「いちばん大切な食べものの話 : どこで誰がどうやって作ってるか知ってる?」小泉武夫著;井出留美著 筑摩書房(ちくまQブックス) 2022年11月

「いのちのバトンをつなぎたい : 世界の子どもの3人に1人は栄養不良」ワールド・ビジョン・ジャパン 編著 合同出版 2022年4月

国際問題について知る

「かぎりあるエネルギー資源―世界と日本のエネルギー問題」小池康郎監修 文研出版 2012年11月

「やさしくわかる食品ロス：捨てられる食べ物を減らすために知っておきたいこと―未来につなげる・みつけるSDGs」西岡真由美著；小野﨑理香絵 技術評論社 2023年12月

「ルポ食が壊れる：私たちは何を食べさせられるのか?」堤未果著 文藝春秋（文春新書）2022年12月

「家族農業が世界を変える 1」関根佳恵監修・著 かもがわ出版 2021年10月

「国谷裕子と考えるSDGsと食料危機. 1」国谷裕子監修 文溪堂 2023年2月

「国谷裕子と考えるSDGsと食料危機. 2」国谷裕子監修 文溪堂 2023年3月

「国谷裕子と考えるSDGsと食料危機. 3」国谷裕子監修 文溪堂 2023年3月

「国谷裕子と考えるSDGsと食料危機. 4」国谷裕子監修 文溪堂 2023年3月

「今日からなくそう!食品ロス：わたしたちにできること 1」上村協子監修；幸運社編 汐文社 2020年8月

「今日からなくそう!食品ロス：わたしたちにできること 2」上村協子監修；幸運社編 汐文社 2020年9月

「今日からなくそう!食品ロス：わたしたちにできること 3」上村協子監修；幸運社編 汐文社 2020年10月

「最悪な未来：キミの行動が未来を変える!」林壮一監修 文研出版 2023年2月

「食べものから学ぶ世界史：人も自然も壊さない経済とは?」平賀緑著 岩波書店（岩波ジュニア新書）2021年7月

「食べものが足りない!：食料危機問題がわかる本」井出留美 著；手塚雅恵 絵 旬報社 2022年1月

「食卓からSDGsをかんがえよう! 1」稲葉茂勝著；服部幸應監修；こどもくらぶ編 岩崎書店 2020年12月

「食卓からSDGsをかんがえよう! 2」稲葉茂勝著；服部幸應監修；こどもくらぶ編 岩崎書店 2021年2月

「食料と環境問題―世界と日本の食料問題」山崎亮一監修 文研出版 2011年11月

「食料危機ってなんだろう―世界と日本の食料問題」山崎亮一監修 文研出版 2011年10月

「食料問題にたちむかう―世界と日本の食料問題」山崎亮一監修 文研出版 2012年2月

「食糧の帝国：食物が決定づけた文明の勃興と崩壊」エヴァン・D・G・フレイザー著；アンドリュー・リマス著；藤井美佐子訳 太田出版（ヒストリカル・スタディーズ）2013年2月

「人口問題にたちむかう―世界と日本の人口問題」鬼頭宏監修 文研出版 2014年2月

国際問題について知る

「図解でわかる14歳から知る食べ物と人類の1万年史」インフォビジュアル研究所著 太田出版 2021年1月

「知ろう!減らそう!食品ロス 1」小林富雄監修 小峰書店 2020年4月

「地球の危機図鑑：滅亡させないために知っておきたい12のこと」福士謙介 監修;江守正多 ほか 取材協力 学研プラス 2022年2月

「地球を救う新世紀農業：アグロエコロジー計画」吉田太郎著 筑摩書房(ちくまプリマー新書) 2010年3月

「池上彰のニュースに登場する世界の環境問題 3 (食糧)」稲葉茂勝訳・文;サラ・レベーテ原著;池上彰監修 さ・え・ら書房 2010年4月

「日本と世界のしくみがわかる!よのなかマップ 新版」日能研編;日本経済新聞出版社編 日本経済新聞出版社 2014年10月

「日本の食糧が危ない」中村靖彦著 岩波書店(岩波新書新赤版) 2011年5月

「農は過去と未来をつなぐ：田んぼから考えたこと」宇根豊著 岩波書店(岩波ジュニア新書) 2010年8月

「農業がわかると、社会のしくみが見えてくる：高校生からの食と農の経済学入門」生源寺眞一著 家の光協会 2010年10月

「培養肉とは何か?」竹内昌治著;日比野愛子著 岩波書店(岩波ブックレット) 2022年12月

地雷

「すごいぞ!!重機大集合 2 (パワーショベル・解体機・ホイールローダーほか)」ニシ工芸株式会社作 汐文社 2014年10月

「はたらく地雷探知犬」大塚敦子文・写真 講談社(講談社青い鳥文庫) 2011年7月

「ロボット創造学入門―〈知の航海〉シリーズ」広瀬茂男著 岩波書店(岩波ジュニア新書) 2011年6月

「地雷をふんだゾウ」藤原幸一写真・文 岩崎書店 2014年11月

「地雷処理という仕事：カンボジアの村の復興記」高山良二著 筑摩書房(ちくまプリマー新書) 2010年3月

「平和をつくるを仕事にする」鬼丸昌也著 筑摩書房(ちくまプリマー新書) 2018年3月

「未来をつくるこれからのエコ企業 1 (再資源化率97%のリサイクル工場)」孫奈美編著 汐文社 2013年10月

人権、差別、偏見

「「ハーフ」ってなんだろう?：あなたと考えたいイメージと現実―中学生の質問箱」下地ローレンス吉孝著 平凡社 2021年4月

「SDGsは地理で学べ」宇野仙著 筑摩書房(ちくまプリマー新書) 2022年10月

国際問題について知る

「スポーツでひろげる国際理解 2」中西哲生監修 文渓堂 2018年3月

「となりの難民：日本が認めない99%の人たちのSOS」織田朝日著 旬報社 2019年11月

「トランスジェンダー入門」周司あきら著;高井ゆと里著 集英社(集英社新書) 2023年7月

「マイクロアグレッションを吹っ飛ばせ：やさしく学ぶ人権の話」渡辺雅之著 高文研 2021年11月

「まんがクラスメイトは外国人 課題編」「外国につながる子どもたちの物語」編集委員会編;みなみななみまんが 明石書店 2020年2月

「まんがクラスメイトは外国人 課題編 第2版」「外国につながる子どもたちの物語」編集委員会編;みなみななみ まんが 明石書店 2022年4月

「みんなで平等をつくる：わたしたちの声がとどけば、世界はきっとかわるよ―アクティビストあつまれ!」シャノン・ウェバー 文;ジェイド・オーランド 絵;寺西のぶ子 訳 亜紀書房 2022年2月

「みんな地球に生きるひと Part4（わたしもぼくも地球人）」アグネス・チャン著 岩波書店（岩波ジュニア新書）2014年7月

「わたしで最後にして：ナチスの障害者虐殺と優生思想」藤井克徳著 合同出版 2018年9月

「移民や難民ってだれのこと?」マイケル・ローゼン著;アンネマリー・ヤング著;小島亜佳莉訳 創元社(国際化の時代に生きるためのQ&A) 2018年9月

「炎上CMでよみとくジェンダー論」瀬地山角著 光文社(光文社新書) 2020年5月

「差別と人権：差別される子どもたち―続・世界の子どもたちは今」アムネスティ・インターナショナル日本編著 絵本塾出版 2013年2月

「差別の現在：ヘイトスピーチのある日常から考える―平凡社新書」好井裕明著 平凡社 2015年3月

「世界の女性問題 3」関橋眞理著 汐文社 2014年2月

「他者を感じる社会学：差別から考える」好井裕明著 筑摩書房(ちくまプリマー新書) 2020年11月

「伝記世界の思想家から学ぶ：未来を生きる道しるべ 5」スリーシーズン編 清水書院 2019年8月

「非暴力の人物伝 4」濱野京子著;たからしげる著 大月書店 2019年2月

「非暴力の人物伝 5」濱野京子著;寮美千子著 大月書店 2019年3月

「紛争・対立・暴力：世界の地域から考える―〈知の航海〉シリーズ」西崎文子編著;武内進一編著 岩波書店(岩波ジュニア新書) 2016年10月

「名もなき花たちと：戦争混血孤児の家「エリザベス・サンダース・ホーム」」小手鞠るい著 原書房 2019年6月

「歴史を変えた50人の女性アスリートたち」レイチェル・イグノトフスキー著;野中モモ訳 創元社 2019年4月

国際問題について知る

人権、差別、偏見＞人種差別

「14歳から考えたいアメリカの奴隷制度」ヘザー・アンドレア・ウィリアムズ 著;月沢李歌子 訳 すばる舎 2022年2月

「14歳から考えたいレイシズム」アリ・ラッタンシ著;久保美代子訳 すばる舎 2021年6月

「アボリジナル・アートはじまりの物語 : 若き美術教師と先住民の人々が生んだ奇跡」髙松真理子絵・文 幻冬舎メディアコンサルティング幻冬舎 2023年10月

「アンチレイシスト・ベビー」イブラム・X・ケンディ作;アシュリー・ルカシェフスキー絵;渡辺由佳里訳 合同出版 2021年1月

「アンネ・フランク物語」小山内美江子作;平澤朋子絵 講談社(講談社青い鳥文庫) 2014年7月

「オシムからの旅」木村元彦著 イースト・プレス(よりみちパン!セ) 2011年12月

「キング牧師 : 力強い言葉で人種差別と戦った男―集英社版・学習漫画. 世界の伝記next」堀田あきお漫画;蛭海隆志シナリオ 集英社 2011年2月

「ゴードン・パークス」キャロル・ボストン・ウェザーフォード文;ジェイミー・クリストフ絵;越前敏弥訳 光村教育図書 2016年9月

「この人を見よ!歴史をつくった人びと伝 26 (マーティン・ルーサー・キング)」プロジェクト新・偉人伝著作・編集 ポプラ社 2010年1月

「ジャッキー・ロビンソン : 人種差別をのりこえたメジャーリーガー」近藤隆夫著 汐文社 2013年10月

「シリーズ・貧困を考える 1」稲葉茂勝著;池上彰監修 ミネルヴァ書房 2017年1月

「セルマの行進 : リンダ十四歳投票権を求めた戦い」リンダ・ブラックモン・ロワリー原作;エルズペス・リーコック原作;スーザン・バックリー原作;PJローラン絵;渋谷弘子訳 汐文社 2015年7月

「どうして肌の色が問題になるの?」ニケシュ・シュクラ著;クレア・フーチャン著;大嶋野々花訳 創元社(国際化の時代に生きるためのQ&A) 2018年12月

「ネルソン・マンデラ」カディール・ネルソン作・絵;さくまゆみこ訳 鈴木出版 2014年2月

「ネルソン・マンデラ : 自由へのたたかい―ポプラ社ノンフィクション」パム・ポラック著;メグ・ベルヴィソ著;伊藤菜摘子訳 ポプラ社 2014年4月

「ネルソン・マンデラ = Nelson Mandela : アパルトヘイトを終焉させた英雄 : 政治家・黒人解放運動家〈南アフリカ〉―ちくま評伝シリーズ〈ポルトレ〉」筑摩書房編集部著 筑摩書房 2014年9月

「ハーレムの闘う本屋 : ルイス・ミショーの生涯」ヴォーンダ・ミショー・ネルソン著;R・グレゴリー・クリスティイラスト;原田勝訳 あすなろ書房 2015年2月

「ハリエットの道―リトルベル」キャロル・ボストン・ウェザフォード文;カディール・ネルソン絵;さくまゆみこ訳 日本キリスト教団出版局 2014年1月

国際問題について知る

「バロテッリ = Balotelli : 黒い肌のイタリア人エース—ポプラ社ノンフィクション」マイケル・パート著;樋渡正人訳 ポプラ社 2015年9月

「ヘイト・スピーチとは何か」師岡康子著 岩波書店(岩波新書新赤版) 2013年12月

「マーティン・ルーサー・キング・ジュニア—小さなひとりの大きなゆめ」マリア・イサベル・サンチェス・ベガラ文;マイ・リー・デグナン絵;原田勝訳 ほるぷ出版 2021年2月

「マリアンは歌う : マリアン・アンダーソン100年に一度の歌声」パム・ムニョス・ライアン文;ブライアン・セルズニック絵;もりうちすみこ訳 光村教育図書 2013年1月

「まんがクラスメイトは外国人 入門編 (はじめて学ぶ多文化共生)」「外国につながる子どもたちの物語」編集委員会編;みなみななみまんが 明石書店 2013年6月

「英語と日本語で読んでみよう世界に勇気と希望をくれたメッセージ 2」パトリック・ハーラン著・監修;稲葉茂勝編 岩崎書店 2020年11月

「裁判の中の在日コリアン : 日本社会の人種主義・ヘイトを超えて 増補改訂版」在日コリアン弁護士協会 編著 現代人文社 2022年3月

「在日朝鮮人ってどんなひと?―中学生の質問箱」徐京植著 平凡社 2012年1月

「子どもの権利ってなあに?」アラン・セール文;オレリア・フロンティ絵;福井昌子訳;反差別国際運動監訳 解放出版社(エルくらぶ) 2020年12月

「止めたい!人種差別 = STOP RACISM 1」関橋眞理 編著 汐文社 2022年2月

「止めたい!人種差別 = STOP RACISM 2」関橋眞理 編著 汐文社 2022年3月

「止めたい!人種差別 = STOP RACISM 3」関橋眞理 編著 汐文社 2022年3月

「私を救ったオットー・ヴァイト : ナチスとたたかった真実の記録」インゲ・ドイチュクローン作;藤村美織訳 汐文社 2016年2月

「人種主義の歴史」平野千果子著 岩波書店(岩波新書新赤版) 2022年5月

「西洋美術とレイシズム」岡田温司著 筑摩書房(ちくまプリマー新書) 2020年12月

「他者を感じる社会学 : 差別から考える」好井裕明著 筑摩書房(ちくまプリマー新書) 2020年11月

「池上彰の世界の見方 = Akira Ikegami,How To See the World アメリカ2」池上彰著 小学館 2021年3月

「北極点をめざした黒人探検家マシュー・ヘンソン」キャロル・ボストン・ウェザーフォード著;エリック・ヴェラスケス絵;渋谷弘子訳 汐文社 2013年11月

人権、差別、偏見＞性差別

「10代のうちに考えておきたいジェンダーの話」堀内かおる著 岩波書店(岩波ジュニア新書) 2023年12月

「111本の木」リナ・シン文;マリアンヌ・フェラー絵;こだまともこ訳 光村教育図書 2021年1月

国際問題について知る

「HAVE PRIDE：生きる!愛する!LGBTQ+の2300年の歴史」ステラ・A・コールドウェル 著;スー・サンダース アドバイザー;櫛田理絵 訳 合同出版 2022年9月

「ウーマン・イン・バトル：自由・平等・シスターフッド!」マルタ・ブレーン文;イェニー・ヨルダル絵;枇谷玲子訳 合同出版 2019年7月

「ジェンダーのとびらを開こう：自分らしく生きるために—未来のわたしにタネをまこう；04」村田晶子 著;森脇健介 著;矢内琴江 著;弓削尚子 著 大和書房 2022年10月

「ちいさなフェミニスト宣言：女の子らしさ、男の子らしさのその先へ」デルフィーヌ・ボーヴォワ文;クレール・カンテ絵;新行内美和訳 現代書館 2020年1月

「はじめてのフェミニズム」デボラ・キャメロン著;向井和美訳 筑摩書房(ちくまプリマー新書) 2023年9月

「マララさんこんにちは：世界でいちばん勇敢な少女へ」ローズマリー・マカーニー文;西田佳子訳 西村書店東京出版編集部 2014年11月

「まんが四賢婦人物語：時代を切り開いた矢嶋家の人々」齊藤輝代構成・原作;瀧玲子漫画;はらからの会監修 益城町 2019年8月

「わたしは女の子だから：世界を変える夢をあきらめない子どもたち」ローズマリー・マカーニー文;ジェン・オールバー文;プラン・インターナショナル文;西田佳子訳 西村書店東京出版編集部 2019年3月

「国谷裕子と考えるSDGsがわかる本」国谷裕子監修 文溪堂 2019年1月

「世界の女性問題 2」関橋眞理著 汐文社 2013年12月

「男の子は強くなきゃだめ?」ジェシカ・サンダーズ 文;ロビー・キャスロ 絵;西田佳子 訳 すばる舎 2022年4月

「男女平等はどこまで進んだか：女性差別撤廃条約から考える」山下泰子監修;矢澤澄子監修;国際女性の地位協会編 岩波書店(岩波ジュニア新書) 2018年6月

「知ってる?ジェンダー・セクシュアリティマンガカラフルKids—スクールコミック」手丸かのこマンガ;渡辺大輔解説/監修 子どもの未来社 2023年8月

「平塚らいてう：孫が語る素顔—平凡社新書」奥村直史著 平凡社 2011年8月

人種主義、レイシズム

「人種主義の歴史」平野千果子著 岩波書店(岩波新書新赤版) 2022年5月

人身売買

「14歳からわかる生命倫理—14歳の世渡り術」雨宮処凛著 河出書房新社 2014年5月

「世界の女性問題 1 (貧困、教育、保健)」プラン・ジャパン監修;関橋眞理著 汐文社 2013年10月

国際問題について知る

「世界中の子どもの権利をまもる30の方法：だれひとり置き去りにしない！」国際子ども権利センター編;甲斐田万智子編;荒牧重人監修 合同出版 2019年10月

ストリートチルドレン

「おかえり、またあえたね：ストリートチルドレン・トトのものがたり」石井光太文;櫻井敦子絵 東京書籍 2011年2月

「みんなのチャンス：ぼくと路上の4億人の子どもたち」石井光太著 少年写真新聞社 2014年10月

「織物を未来の色に染めて：カンボジアの二人の少女」秋山浩子文 汐文社 2014年3月

スラム街

「おかえり、またあえたね：ストリートチルドレン・トトのものがたり」石井光太文;櫻井敦子絵 東京書籍 2011年2月

「みんなのチャンス：ぼくと路上の4億人の子どもたち」石井光太著 少年写真新聞社 2014年10月

性暴力

「国境なき助産師が行く：難民救助の活動から見えてきたこと」小島毬奈著 筑摩書房（ちくまプリマー新書）2018年10月

「世界の女性問題 2」関橋眞理著 汐文社 2013年12月

戦争＞慰安婦

「《自粛社会》をのりこえる：「慰安婦」写真展中止事件と「表現の自由」」安世鴻編;李春煕編;岡本有佳編 岩波書店（岩波ブックレット）2017年9月

「「慰安婦」問題ってなんだろう？：あなたと考えたい戦争で傷つけられた女性たちのこと―中学生の質問箱」梁澄子著 平凡社 2022年1月

「30代記者たちが出会った戦争：激戦地を歩く」共同通信社会部編 岩波書店（岩波ジュニア新書）2016年7月

「いま、〈平和〉を本気で語るには：命・自由・歴史」ノーマ・フィールド著 岩波書店（岩波ブックレット）2018年12月

「終わらない冬 = An Endless Winter：日本軍「慰安婦」被害者のはなし」カンジェスク文;イダム絵;ヤンユハ訳;都築寿美枝訳 日本機関紙出版センター 2015年8月

「少女の物語 = herstory：日本軍「慰安婦」被害者」金潽起作;韓国挺身隊問題対策協議会訳 日本機関紙出版センター 2014年8月

「世界の女性問題 2」関橋眞理著 汐文社 2013年12月

国際問題について知る

「池上彰の世界の見方 = Akira Ikegami,How To See the World 朝鮮半島」池上彰著 小学館 2018年4月

「日本軍「慰安婦」にされた少女たち」石川逸子著 岩波書店(岩波ジュニア新書) 2013年11月

戦争＞空襲

「「ノーモアヒロシマ」伝えていこう!平和：広島平和学習に行く前に読む本」ユニプラン編集部編 ユニプラン 2020年8月

「100人が語る戦争とくらし 2」大石学監修 学研プラス 2017年2月

「13歳の少女が見た沖縄戦：学徒出陣、生き残りの私が語る真実」安田未知子著 WAVE出版 2015年6月

「あんずの木の下で：体の不自由な子どもたちの太平洋戦争」小手鞠るい著 原書房 2015年7月

「のぶちゃんの戦争体験：富山大空襲」瀬川恵文;石黒しろう絵 文芸社 2015年8月

「ぼくが見た戦争：1945年夏」しまだゆきお文;秋元なおと絵 文芸社 2016年8月

「ぼくが見た太平洋戦争―心の友だち」宗田理著 PHP研究所 2014年8月

「ぼくの村にB29がきた：雷山空襲」山下庫男原話;吉山たかよ文;久冨正美絵 石風社 2016年2月

「マダンの児：韓国と日本の空の下で」朴禮和著 ケイビーエス 2018年12月

「もしも魔法が使えたら：戦争孤児11人の記憶」星野光世著 講談社 2017年7月

「わたしたちの戦争体験 5 (空襲)」日本児童文芸家協会著;田代脩監修 学研教育出版 2010年2月

「君が戦争を欲しないならば」高畑勲著 岩波書店(岩波ブックレット) 2015年12月

「語り伝える東京大空襲：ビジュアルブック 第1巻 (戦争・空襲への道)」東京大空襲・戦災資料センター編;早乙女勝元監修 新日本出版社 2010年12月

「語り伝える東京大空襲：ビジュアルブック 第2巻 (はじめて米軍機が頭上に)」東京大空襲・戦災資料センター編;早乙女勝元監修 新日本出版社 2011年1月

「子どもたちよ！：きみに伝える私の戦争」中日新聞編集局編 中日新聞社 2015年12月

「子どものころの戦争の記憶：真珠湾攻撃から敗戦玉音放送まで」越川栄子文;やまなかももこ絵 随想舎 2023年6月

「十三歳のあなたへ：一九四五・八・七「豊川海軍工廠」の悲劇」牧平興治編著;太田幸市監修;春夏秋冬叢書編 春夏秋冬叢書 2015年1月

「十三歳のあなたへ：一九四五・八・七「豊川海軍工廠」の悲劇 改訂版」牧平興治編著;太田幸市監修;春夏秋冬叢書編 春夏秋冬叢書 2015年8月

「十二歳の戦争：おばあちゃんが語ります」横田智恵子著 文芸社 2016年9月

国際問題について知る

「焼けあとのちかい」半藤一利文;塚本やすし絵 大月書店 2019年7月
「焼夷弾の雨が降った夜」松浦恵子著 日本文学館 2012年5月
「赤ちゃんと母(ママ)の火の夜」早乙女勝元作;タミヒロコ絵 新日本出版社 2018年2月
「戦争のころの少年少女たち：「欲しがりません、勝つまでは!」の時代に-：「子どもたちに伝える平和のための資料展」パネル集」岐阜空襲を記録する会編集 岐阜新聞社 2018年8月
「孫たちに語り伝える わたしの終戦：その日のこと―北摂の戦災；1」SAとよなか編 北摂叢書 2014年8月
「池上彰の現代史授業：21世紀を生きる若い人たちへ 昭和編1(昭和二十年代戦争と復興)」池上彰監修・著 ミネルヴァ書房 2014年9月
「夜が明けて：わたしと大阪大空襲」平岡潤絵と文 文芸社 2018年5月
「歴史に「何を」学ぶのか」半藤一利著 筑摩書房(ちくまプリマー新書) 2017年8月

戦争＞国際紛争

「「争い」入門」ニキー・ウォーカー著;高月園子訳 亜紀書房 2023年2月
「どうすれば争いを止められるのか：17歳からの紛争解決学」上杉勇司著 WAVE出版 2023年1月
「狙われた国と地域．1」稲葉茂勝著;松竹伸幸監修 あすなろ書房 2023年8月
「狙われた国と地域．2」稲葉茂勝著;松竹伸幸監修 あすなろ書房 2023年11月
「狙われた国と地域．3」稲葉茂勝著;松竹伸幸監修 あすなろ書房 2023年12月
「紛争解決ってなんだろう」篠田英朗著 筑摩書房(ちくまプリマー新書) 2021年1月

戦争＞少年兵

「100人が語る戦争とくらし 2」大石学監修 学研プラス 2017年2月
「あの日、僕らは戦場で：少年兵の告白：アニメドキュメント」NHKスペシャル制作班作 新日本出版社 2016年2月
「あの日を忘れない：語り継ぎたい戦争の記憶」土川まどか語り部取材・文 サンライズ出版 2019年3月
「きみはどう考える?人権ってなんだろう 3」喜多明人監修 汐文社 2021年3月
「シリーズ知ってほしい!世界の子どもたち-その笑顔の向こう側 2」米倉史隆写真・文 新日本出版社 2017年11月
「ぼくが5歳の子ども兵士だったとき：内戦のコンゴで」ジェシカ・ディー・ハンフリーズ作;ミシェル・チクワニネ作;クローディア・ダビラ絵;渋谷弘子訳 汐文社 2015年7月
「語り伝えるアジア・太平洋戦争：ビジュアルブック 第2巻(アジア・太平洋戦争の開戦)」吉田裕文・監修 新日本出版社 2012年1月

国際問題について知る

「少女兵士ピチャ」かこさとこ文・絵 文芸社 2023年4月

「世界中の子どもの権利をまもる30の方法：だれひとり置き去りにしない！」国際子ども権利センター編;甲斐田万智子編;荒牧重人監修 合同出版 2019年10月

「戦争がなかったら = If There were No War：3人の子どもたち10年の物語―ポプラ社ノンフィクション」髙橋邦典著 ポプラ社 2013年11月

「平和をつくるを仕事にする」鬼丸昌也著 筑摩書房（ちくまプリマー新書）2018年3月

戦争＞戦災孤児

「まゆみちゃんの叫び まゆみちゃんとリリー」永嶋マサ子絵と文 文芸社 2010年12月

「もしも魔法が使えたら：戦争孤児11人の記憶」星野光世著 講談社 2017年7月

「語り伝えるアジア・太平洋戦争：ビジュアルブック 第5巻（おわらない戦後と平和への道）」吉田裕文・監修 新日本出版社 2012年3月

「昭和天皇にあいたい 3」朝戸りょう著;こばやし将著 ふるさと日本プロジェクト 2015年12月

「名もなき花たちと：戦争混血孤児の家「エリザベス・サンダース・ホーム」」小手鞠るい著 原書房 2019年6月

戦争＞戦争一般

「「できごと」と「くらし」から知る戦争の46か月：戦い、日常、文化がわかる」大石学監修;鈴木一史監修 学研プラス 2019年2月

「「戦争」と「平和」をあらわす世界の言葉」稲葉茂勝著;池上彰監修 今人舎 2017年9月

「100人が語る戦争とくらし 1」大石学監修 学研プラス 2017年2月

「10代が考えるウクライナ戦争」岩波ジュニア新書編集部編 岩波書店（岩波ジュニア新書）2023年2月

「13歳からのウクライナ戦争150日新聞」黒井文太郎 監修 宝島社 2022年9月

「13歳からのテロ問題リアルな「正義論」の話」加藤朗著 かもがわ出版 2011年9月

「13歳からの夏目漱石：生誕百五十年、その時代と作品」小森陽一著 かもがわ出版 2017年3月

「13歳からの平和教室」浅井基文著 かもがわ出版 2010年8月

「14歳からのパレスチナ問題：これだけは知っておきたいパレスチナ・イスラエルの120年」奈良本英佑著 合同出版 2017年6月

「14歳からの戦争のリアル―14歳の世渡り術」雨宮処凛著 河出書房新社 2015年7月

「14歳のヒロシマ：被爆者が伝える戦争と平和のはなし―14歳の世渡り術」梶本淑子著 河出書房新社 2023年7月

国際問題について知る

「16歳のデモクラシー＝LECTURES ON DEMOCRACY：受験勉強で身につけるリベラルアーツ」佐藤優著 晶文社 2020年1月

「21世紀の戦争論：昭和史から考える」半藤一利著;佐藤優著 文藝春秋（文春新書）2016年5月

「from under 30世界を平和にする第一歩─14歳の世渡り術」河出書房新社編;井手上漠ほか著 河出書房新社 2022年8月

「アオギリのいのち：被爆樹木二世と歩んだ学校の軌跡」藤井健太郎文;秦さやか絵;田中博之監修 三恵社 2019年9月

「アガサ・クリスティー」瑞樹奈穂漫画;北澤和彦監修 ポプラ社（コミック版世界の伝記）2018年1月

「アフガニスタン勇気と笑顔 新版」内堀タケシ写真・文 国土社 2020年11月

「いのる」長倉洋海著 アリス館 2016年9月

「ウォーズ・オブ・ジャパン＝WARS OF JAPAN：日本のいくさと戦争」磯田道史監修;宮永忠将文;大河原一樹ほか画 偕成社 2015年3月

「ギリシア神話トロイアの書─斉藤洋の「ギリシア神話」；3」斉藤洋文;佐竹美保絵 理論社 2010年3月

「この気持ちいったい何語だったらつうじるの?」小林エリカ著・装画・挿画 イースト・プレス（よりみちパン!セ）2012年8月

「これがオリンピックだ：決定版：オリンピズムがわかる100の真実」舛本直文著 講談社 2018年10月

「これから戦場に向かいます」山本美香写真と文 ポプラ社 2016年7月

「シリーズ心の糧 2」佐々木敬子作・絵 佐々木敬子 2014年5月

「シリーズ知ってほしい!世界の子どもたち-その笑顔の向こう側 2」米倉史隆写真・文 新日本出版社 2017年11月

「スイレンの花のように：平和をつなぐカンボジアの踊り子」パスカル・ルメートル作・絵;たかのゆう監訳;長井佑美訳 汐文社 2019年1月

「スパイ学：国際スパイになるために」アンディ・ブリッグス著;こどもくらぶ訳・編集 今人舎 2016年9月

「たったひとつの「真実」なんてない：メディアは何を伝えているのか?」森達也著 筑摩書房（ちくまプリマー新書）2014年11月

「たのしく読める世界のすごい歴史人物伝」伊藤純郎監修 高橋書店 2017年6月

「チェ・キドン爺さんの話：愛の共同体コットンネ物語」クァク・ヨンウォン文・画;なかむらともたろう訳 聖母の騎士社 2012年8月

国際問題について知る

「ドイツ機甲軍団：壮烈!! 復刻版―ジャガーバックス」中西立太文;菊池晟監修 復刊ドットコム 2017年2月

「どうすれば争いを止められるのか：17歳からの紛争解決学」上杉勇司著 WAVE出版 2023年1月

「トスカーナの赤い花」かとうはるよ作;廣瀬剛イラスト ブックコム 2011年6月

「なぜ世界には戦争があるんだろう。どうして人はあらそうの?―10代の哲学さんぽ；3」ミリアム・ルヴォー・ダロンヌ文;ジョシェン・ギャルネール絵;伏見操訳 岩崎書店 2011年4月

「ナトセンおすすめYA(ヤングアダルト)映画館」名取弘文著 子どもの未来社 2018年7月

「ナパーム空爆史：日本人をもっとも多く殺した兵器」ロバート・M・ニーア著;田口俊樹訳 太田出版(ヒストリカル・スタディーズ) 2016年3月

「ニュースに出てくる国際条約じてん 3 (人権)」池上彰監修;こどもくらぶ編 彩流社 2015年3月

「はじめての昭和史」井上寿一著 筑摩書房(ちくまプリマー新書) 2020年8月

「はじめて学ぶ憲法教室 第2巻 (人の心に国は立ち入れない)」菅間正道著 新日本出版社 2014年11月

「バナの戦争：ツイートで世界を変えた7歳少女の物語」バナ・アベド著;金井真弓訳 飛鳥新社 2017年12月

「バルトーク＝Bart?k B?la―音楽家の伝記：はじめに読む1冊」ひのまどか 著 ヤマハミュージックエンタテインメントホールディングスミュージックメディア部 2022年4月

「ボクの故郷は戦場になった：樺太の戦争、そしてウクライナへ」重延浩著 岩波書店(岩波ジュニア新書) 2023年8月

「ぼくらは壁を飛びこえて：サーカスでつながる人種・民族・宗教」シンシア・レヴィンソン著;金原瑞人訳 文溪堂 2016年12月

「ほんとうにあった戦争と平和の話」野上暁監修 講談社(講談社青い鳥文庫) 2016年6月

「マンガで学ぶSDGs [3]」蟹江憲史監修 金の星社 2021年3月

「まんが護国神社へ行こう!」山中浩市原作;そやままい漫画 かざひの文庫 2021年11月

「マンガ日本の歴史 8」川口素生監修 成美堂出版 2019年8月

「まんが平和をねがい続けた画家加納莞蕾」さいわい徹脚本・画;加納佳世子監修 加納美術振興財団 2018年5月

「みらいへの教科書：きみと・友だちと・よのなかと」菊田文夫著;日野原重明監修 学研教育みらい 2015年3月

「みんなが知りたい!世界と日本の戦争遺産：戦跡から平和を学ぶ本―まなぶっく」歴史学習研究会著 メイツ出版 2017年6月

「むのたけじ100歳のジャーナリストからきみへ 平和 (戦争は母親と子どもをもっとも苦しめて悲しませる。)」むのたけじ著;菅聖子著 汐文社 2015年7月

国際問題について知る

「ヨーロッパの古城」リチャード・プラット文;スティーブン・ビースティー画;赤尾秀子訳 あすなろ書房(輪切り図鑑クロスセクション) 2020年12月

「リアル人生ゲーム完全攻略本」架神恭介著;至道流星著 筑摩書房(ちくまプリマー新書) 2017年10月

「リンカン」迎夏生漫画;奥田暁代監修 ポプラ社(コミック版世界の伝記) 2018年5月

「わくわく!探検れきはく日本の歴史 4」国立歴史民俗博物館編 吉川弘文館 2019年1月

「わたしのこころ:平和と命の大切さ」てるいももよさく;サトゥー芳美え 文芸社 2018年12月

「永遠平和のために」イマヌエル・カント著;池内紀訳 集英社 2015年6月

「夏目漱石と戦争—平凡社新書」水川隆夫著 平凡社 2010年6月

「科学者と戦争」池内了著 岩波書店 2016年6月

「科学者は戦争で何をしたか」益川敏英著 集英社 2015年8月

「火のトンネル」岡本央写真・文 大月書店 2023年6月

「核廃絶へのメッセージ:被爆地の一角から」土山秀夫著 日本ブックエース(平和文庫) 2011年6月

「核兵器はなくせる」川崎哲著 岩波書店(岩波ジュニア新書) 2018年7月

「感染爆発:見えざる敵=ウイルスに挑む 改訂」デイビッド・ゲッツ著;西村秀一訳;ピーター・マッカーティー画 金の星社 2020年7月

「環境を考えるBOOK 7—考える×続けるシリーズ」日能研教務部企画・編集 日能研 2016年4月

「危機の現場に立つ」中満泉著 講談社 2017年7月

「気象と戦術:天候は勝敗を左右し、歴史を変える」木元寛明著 SBクリエイティブ 2019年7月

「虐殺のスイッチ:一人すら殺せない人が、なぜ多くの人を殺せるのか?—ちくま文庫」森達也著 筑摩書房 2023年7月

「教えて!池上彰さんどうして戦争はなくならないの?:地政学で見る世界. 1」池上彰監修;タカダカズヤ本文イラスト 小峰書店 2023年4月

「教えて!池上彰さんどうして戦争はなくならないの?:地政学で見る世界. 2」池上彰監修;タカダカズヤ本文イラスト 小峰書店 2023年4月

「教えて!池上彰さんどうして戦争はなくならないの?:地政学で見る世界. 3」池上彰監修;タカダカズヤ本文イラスト 小峰書店 2023年4月

「教師と生徒のための日清・日露・太平洋戦争事典」新藤英晶著 元就出版社 2013年10月

「教養として学んでおきたい太平洋戦争」ドントテルミー荒井著 マイナビ出版(マイナビ新書) 2022年7月

「空の星になって見守っているよ」藤野絹子著 櫂歌書房 2020年8月

国際問題について知る

「君が戦争を欲しないならば」高畑勲著 岩波書店(岩波ブックレット) 2015年12月

「君たちには話そう：かくされた戦争の歴史」いしいゆみ著 くもん出版 2015年7月

「群雄割拠!天下統一への道―戦国さがし絵」グループ・コロンブス編;森のくじら絵 文溪堂 2023年3月

「結局、世界は「石油」で動いている―青春新書INTELLIGENCE」佐々木良昭著 青春出版社 2015年5月

「語られなかったアメリカ史：オリバー・ストーンの告発 1」オリバー・ストーン著;ピーター・カズニック著;スーザン・キャンベル・バートレッティ編著;鳥見真生訳 あすなろ書房 2016年4月

「語られなかったアメリカ史 3」オリバー・ストーン著;ピーター・カズニック著;鳥見真生訳 あすなろ書房 2020年3月

「語りつごう沖縄：シリーズ戦争 1」安斎育郎文・監修 新日本出版社 2018年12月

「語り伝える東京大空襲：ビジュアルブック 第1巻 (戦争・空襲への道)」東京大空襲・戦災資料センター編;早乙女勝元監修 新日本出版社 2010年12月

「高校生と考える21世紀の突破口：桐光学園大学訪問授業：危機の時代の必須教養」桐光学園中学校・高等学校編 左右社 2023年4月

「高校生にも読んでほしい平和のための安全保障の授業」佐藤正久著 ワニブックス 2019年6月

「国際情勢に強くなる英語キーワード」明石和康著 岩波書店(岩波ジュニア新書) 2016年3月

「最悪な未来：キミの行動が未来を変える!」林壮一監修 文研出版 2023年2月

「最新世界史図説タペストリー 10訂版」帝国書院編集部編;川北稔監修;桃木至朗監修 帝国書院 2012年2月

「災厄からの立ち直り：高校生のための〈世界〉に耳を澄ませる方法」寺田匡宏編著 あいり出版 2016年9月

「三国志が好き!」渡邉義浩著 岩波書店(岩波ジュニアスタートブックス) 2023年4月

「山川詳説世界史図録」木村靖二監修;岸本美緒監修;小松久男監修 山川出版社 2014年3月

「山川詳説世界史図録 第2版」木村靖二監修;岸本美緒監修;小松久男監修 山川出版社 2017年1月

「子どもにおくる私の心にのこる話」鈴木喜代春他・編 らくだ出版 2010年11月

「子ども大学：シリーズ見てみよう・考えよう! 3」子ども大学かわごえ監修;こどもくらぶ編 フレーベル館 2019年2月

「私のフォト・ジャーナリズム：戦争から人間へ―平凡社新書」長倉洋海著 平凡社 2010年11月

「私はどこで生きていけばいいの?」ローズマリー・マカーニー文;西田佳子訳 西村書店東京出版編集部(世界に生きる子どもたち) 2018年6月

国際問題について知る

「自分史のすすめ：未来を生きるための文章術―平凡社新書」小池新著 平凡社 2018年5月

「社会の今を見つめて：TVドキュメンタリーをつくる」大脇三千代著 岩波書店(岩波ジュニア新書) 2012年10月

「社会の真実の見つけかた」堤未果著 岩波書店(岩波ジュニア新書) 2011年2月

「手をつなごうよ：フィリピン・ミンダナオ子ども図書館：日本にいちばん近いイスラム紛争地域での活動」松居友著 彩流社 2016年4月

「修学旅行で行ってみたい日本の世界遺産 5 新版」本田純著;小松亮一著;清野賢司著 岩崎書店 2014年3月

「集団的自衛権と安全保障」豊下楢彦著;古関彰一著 岩波書店(岩波新書新赤版) 2014年7月

「十歳、ぼくは突然「敵」とよばれた：日系アメリカ人の政治家ノーマン・ミネタ」アンドレア・ウォーレン著;もりうちすみこ訳 汐文社 2019年12月

「少女兵士ピチャ」かこさとこ文・絵 文芸社 2023年4月

「昭和史のかたち」保阪正康著 岩波書店(岩波新書新赤版) 2015年10月

「新しい世界の伝記ライフ・ストーリーズ 5」宮川健郎日本語版総監修 三省堂 2020年2月

「人権と自然をまもる法ときまり 4」笹本潤法律監修;藤田千枝編 大月書店 2021年3月

「人類の夢をかなえた飛行機の本―乗りもの歴史図鑑」ヒサクニヒコ絵・文 子どもの未来社 2023年12月

「図解でわかる14歳から知る影響と連鎖の全世界史」インフォビジュアル研究所著;大角修著 太田出版 2019年1月

「図解でわかる14歳から知る日本戦後政治史」インフォビジュアル研究所著 太田出版 2018年10月

「図解はじめて学ぶみんなの政治」アレックス・フリス文;ロージー・ホア文;ルイ・ストーウェル文;ケラン・ストーバーイラスト;ヒューゴ・ドローションオリジナル監修;ダニエル・ヴィーホフオリジナル監修;浜崎絵梨訳;国分良成監修 晶文社 2019年1月

「図説「合戦図屏風」で読み解く!戦国合戦の謎―青春新書INTELLIGENCE」小和田哲男監修 青春出版社 2015年8月

「図説地図とあらすじでスッキリわかる!動乱の室町時代と15人の足利将軍―青春新書INTELLIGENCE」山田邦明監修 青春出版社 2019年5月

「杉原千畝：命のビザ」石崎洋司文;山下和美絵 講談社(講談社火の鳥伝記文庫) 2018年7月

「世界から戦争がなくならない本当の理由」池上彰著 祥伝社(祥伝社新書) 2019年8月

「世界のいまを伝えたい：フォトジャーナリスト久保田弘信」久保田弘信著 汐文社 2019年1月

国際問題について知る

「世界の人びとに聞いた100通りの平和 シリーズ2」伊勢﨑賢治監修 かもがわ出版 2015年11月

「世界の難民の子どもたち 3」アンディ・グリン作;難民を助ける会監修;いわたかよこ訳 ゆまに書房 2016年10月

「世界の難民の子どもたち 4」アンディ・グリン作;難民を助ける会監修;いわたかよこ訳 ゆまに書房 2016年10月

「世界の歴史大年表：ビジュアル版」定延由紀訳;李聖美訳;中村佐千江訳;伊藤理子訳 創元社 2020年3月

「世界を平和にするためのささやかな提案─14歳の世渡り術」池澤春菜著;伊勢﨑賢治著;上坂すみれ著;加古里子著;香山リカ著;木村草太著;黒柳徹子著;小島慶子著;最果タヒ著;サヘル・ローズ著;島田裕巳著;辛酸なめ子著;竹内薫著;田中優著;徳永進著;永江朗著;中川翔子著;春香クリスティーン著;文月悠光著;山極寿一著;山本敏晴著;ヨシタケシンスケ著 河出書房新社 2015年5月

「世界遺産を救え!」レオ・ホプキンソン 著;武井摩利 訳 創元社 2022年7月

「世界史で読み解く現代ニュース 宗教編」池上彰著;増田ユリヤ著 ポプラ社（ポプラ選書.未来へのトビラ）2019年4月

「世界史で読み解く現代ニュース 宗教編─未来へのトビラ；File No.006」池上彰著;増田ユリヤ著 ポプラ社（ポプラ選書）2019年4月

「世界史のミュージアム：歴史風景館 [2020]」東京法令出版教育事業推進部編集 東京法令出版 2020年12月

「正義ってなんだろう = What does justice mean?：自分の頭で考える力をつける」齋藤孝 著 リベラル社 2022年9月

「西洋美術史入門 実践編」池上英洋著 筑摩書房（ちくまプリマー新書）2014年3月

「千春先生の平和授業 2011〜2012（未来は子どもたちがつくる）」竹中千春著 朝日学生新聞社 2012年6月

「戦いで読む日本の歴史 1」矢部健太郎監修;sonio絵 教育画劇 2017年4月

「戦いで読む日本の歴史 2」矢部健太郎監修;sonio絵 教育画劇 2017年4月

「戦いで読む日本の歴史 3」矢部健太郎監修;sonio絵 教育画劇 2017年2月

「戦いで読む日本の歴史 4」矢部健太郎監修;sonio絵 教育画劇 2017年4月

「戦いで読む日本の歴史 5」矢部健太郎監修;sonio絵 教育画劇 2017年4月

「戦後日本史の考え方・学び方：歴史って何だろう?─14歳の世渡り術」成田龍一著 河出書房新社 2013年8月

「戦場カメラマン渡部陽一が見た世界 1（学校）」渡部陽一写真・文 くもん出版 2015年1月

「戦場カメラマン渡部陽一が見た世界 2（家族）」渡部陽一写真・文 くもん出版 2015年2月

国際問題について知る

「戦場カメラマン渡部陽一が見た世界 3 (友だち)」渡部陽一写真・文 くもん出版 2015年2月

「戦場の秘密図書館：シリアに残された希望」マイク・トムソン著;小国綾子編訳 文溪堂 2019年12月

「戦争がなかったら＝If There were No War：3人の子どもたち10年の物語—ポプラ社ノンフィクション」高橋邦典著 ポプラ社 2013年11月

「戦争するってどんなこと?—中学生の質問箱」C・ダグラス・ラミス著 平凡社 2014年7月

「戦争といのちと聖路加国際病院ものがたり」日野原重明著 小学館 2015年9月

「戦争とは何だろうか」西谷修著 筑摩書房(ちくまプリマー新書) 2016年7月

「戦争なんか大きらい!：絵描きたちのメッセージ」子どもの本・九条の会著 大月書店 2018年9月

「戦争のころの少年少女たち：「欲しがりません、勝つまでは!」の時代に−：「子どもたちに伝える平和のための資料展」パネル集」岐阜空襲を記録する会編集 岐阜新聞社 2018年8月

「戦争体験を「語り」・「継ぐ」：広島|長崎|沖縄："次世代型"の平和教育」大石学監修 学研プラス 2018年2月

「狙われた国と地域. 1」稲葉茂勝著;松竹伸幸監修 あすなろ書房 2023年8月

「狙われた国と地域. 2」稲葉茂勝著;松竹伸幸監修 あすなろ書房 2023年11月

「狙われた国と地域. 3」稲葉茂勝著;松竹伸幸監修 あすなろ書房 2023年12月

「憎しみを乗り越えて：ヒロシマを語り継ぐ近藤紘子」佐藤真澄著 汐文社 2019年12月

「大人になるまでに読みたい15歳の短歌・俳句・川柳 3」なかはられいこ編 ゆまに書房 2016年3月

「地球からの警鐘：この子にきれいな海を返してください—SMART PUBLISHING」あべ童詩著 シーアンドアール研究所 2015年11月

「地球で暮らすきみたちに知ってほしい50のこと」ラース・ヘンリク・オーゴード著;シモン・ヴェスイラストレーション;枇谷玲子訳 晶文社 2021年8月

「地図でわかる世界の戦争・紛争. 1」小川浩之監修 汐文社 2023年3月

「地図でわかる世界の戦争・紛争. 3」小川浩之監修 汐文社 2023年1月

「地政学から戦争と平和を考える国際情勢と領土問題. [1]」国際地政学研究所監修 金の星社 2023年2月

「地政学から戦争と平和を考える国際情勢と領土問題. [2]」国際地政学研究所監修 金の星社 2023年3月

「地政学から戦争と平和を考える国際情勢と領土問題. [3]」国際地政学研究所監修 金の星社 2023年3月

「池上彰と考える戦争の現代史 1」池上彰監修 ポプラ社 2016年4月

国際問題について知る

「池上彰と考える戦争の現代史 2」池上彰監修 ポプラ社 2016年4月

「池上彰と考える戦争の現代史 3」池上彰監修 ポプラ社 2016年4月

「池上彰と考える戦争の現代史 4」池上彰監修 ポプラ社 2016年4月

「池上彰のニュースに登場する世界の環境問題 7 (人口問題)」稲葉茂勝訳・文;キャサリン・チャンバーズ原著;池上彰監修 さ・え・ら書房 2011年2月

「池上彰のよくわかる世界の宗教 キリスト教」池上彰著;こどもくらぶ編 丸善出版 2016年11月

「池上彰の君と考える戦争のない未来―世界をカエル10代からの羅針盤」池上彰著 理論社 2021年5月

「池上彰の現代史授業：21世紀を生きる若い人たちへ 平成編3 (21世紀はじめの十年9・11と世界の危機)」池上彰監修・著 ミネルヴァ書房 2015年3月

「池上彰の世界の見方 = Akira Ikegami,How To See the World ドイツとEU」池上彰著 小学館 2017年11月

「池上彰の世界の見方 = Akira Ikegami,How To See the World 中東」池上彰著 小学館 2017年8月

「中学校たのしい劇脚本集：英語劇付 1」日本演劇教育連盟編 国土社 2010年12月

「中学校たのしい劇脚本集：英語劇付 2」日本演劇教育連盟編 国土社 2011年2月

「中学校たのしい劇脚本集：英語劇付 3」日本演劇教育連盟編 国土社 2011年3月

「中学生から大人までよくわかる中東の世界史」村山秀太郎著 新人物往来社(新人物文庫) 2011年7月

「中学生にわかる民事訴訟の仕組み 増補」弁護士五右衛門著 オブアワーズ 2017年6月

「中学生までに読んでおきたい哲学 6 (死をみつめて)」松田哲夫編 あすなろ書房 2012年5月

「中高生から始める安全保障の入門書」松島悠佐編著 内外出版 2019年5月

「中国の歴史★現在がわかる本 第1期1」西村成雄監修 かもがわ出版 2017年2月

「中村哲物語：大地をうるおし平和につくした医師」松島恵利子 著 汐文社 2022年7月

「哲学のおやつ戦争と平和：10代からの考えるレッスン」ブリジット・ラベ;ミシェル・ピュエシュ著;西川葉澄訳 汐文社 2010年12月

「天下分け目の戦い関ケ原の合戦―戦国さがし絵」グループ・コロンブス編;森のくじら絵 文溪堂 2023年2月

「湯川秀樹の戦争と平和：ノーベル賞科学者が遺した希望」小沼通二著 岩波書店 2020年8月

「内戦の地に生きる：フォトグラファーが見た「いのち」」橋本昇著 岩波書店(岩波ジュニア新書) 2019年4月

「難民の?がわかる本」木下理仁著;山中正大イラスト 太郎次郎社エディタス 2023年4月

国際問題について知る

「難民選手団：オリンピックを目指した7人のストーリー」杉田七重文;国連UNHCR協会監修;ちーこ絵 KADOKAWA（角川つばさ文庫）2021年7月

「日本のふしぎなぜ?どうして?」大野正人執筆 高橋書店 2017年4月

「日本の戦争と動物たち 1」東海林次男著 汐文社 2017年11月

「日本の戦争と動物たち 2」東海林次男著 汐文社 2018年3月

「日本の戦争と動物たち 3」牛田守彦著・平井美津子著 汐文社 2018年3月

「日本人のための「集団的自衛権」入門」石破茂著 新潮社（新潮新書）2014年2月

「発酵食品と戦争」小泉武夫著 文藝春秋（文春新書）2023年8月

「被爆アオギリと生きる：語り部・沼田鈴子の伝言」広岩近広著 岩波書店（岩波ジュニア新書）2013年4月

「被爆者 続（70年目の出会い）―◎シリーズ◎自然いのちひと；16」会田法行写真・文 ポプラ社 2015年7月

「非暴力の人物伝 1」たからしげる著;堀切リエ著 大月書店 2018年7月

「非暴力の人物伝 2」たからしげる文;堀切リエ文 大月書店 2018年8月

「非暴力の人物伝 3」堀切リエ文;押川節生文 大月書店 2018年12月

「非暴力の人物伝 4」濱野京子著;たからしげる著 大月書店 2019年2月

「非暴力の人物伝 5」濱野京子著;寮美千子著 大月書店 2019年3月

「父から子に伝えたい戦争の歴史」半藤一利著 SBクリエイティブ（SB新書）2022年6月

「武器ではなく命の水をおくりたい：中村哲医師の生き方」宮田律著 平凡社 2021年4月

「紛争・対立・暴力：世界の地域から考える―〈知の航海〉シリーズ」西崎文子編著;武内進一編著 岩波書店（岩波ジュニア新書）2016年10月

「紛争・迫害の犠牲になる難民の子どもたち」国連難民高等弁務官事務所 著;櫛田理絵 訳 合同出版 2022年2月

「兵隊さんに愛されたヒョウのハチ」祓川学作;伏木ありさ絵 ハート出版 2018年6月

「平和のバトン：広島の高校生たちが描いた8月6日の記憶」弓狩匡純著 くもん出版 2019年6月

「母が作ってくれたすごろく：ジャワ島日本軍抑留所での子ども時代」アネ=ルト・ウェルトハイム文;長山さき訳 徳間書店 2018年6月

「暴力はいけないことだと誰もがいうけれど―14歳の世渡り術」萱野稔人著 河出書房新社 2010年2月

「本当の戦争の話をしよう：世界の「対立」を仕切る」伊勢﨑賢治著 朝日出版社 2015年1月

「幕末姫 桜の章」藤咲あゆな作;マルイノ絵 集英社（集英社みらい文庫）2019年8月

国際問題について知る

「漫画から学ぶ生きる力 戦争編」宮川総一郎監修 ほるぷ出版 2016年12月

「未来をつくる!あたらしい平和学習 1」稲葉茂勝 著;大芝亮 読み手 岩崎書店 2022年1月

「名もなき花たちと:戦争混血孤児の家「エリザベス・サンダース・ホーム」」小手鞠るい著 原書房 2019年6月

「明解世界史図説エスカリエ 4訂版」帝国書院編集部編 帝国書院 2012年2月

「約束の国への長い旅:杉原千畝が世界に残した記憶」篠輝久著 清水書院 2018年9月

「琉球・沖縄:もっと知りたい!くらしや歴史」上里隆史監修 岩崎書店(調べる学習百科) 2020年5月

「歴史人物ケンミンバトル:時空を超えて英雄が集結!」大宮耕一文;ジュニアエラ編集部編;森ゆきなつイラスト 朝日新聞出版 2019年7月

戦争＞戦争の放棄

「12歳のキミに語る憲法:その秘めた「ちから」を見直そう」福島みずほ編 岩崎書店 2012年1月

「いま、憲法の魂を選びとる」大江健三郎著;奥平康弘著;澤地久枝著;三木睦子著;小森陽一著 岩波書店(岩波ブックレット) 2013年4月

「イラストで学べる政治のしくみ 3(日本の政治と国際社会)」大野一夫著 汐文社 2013年3月

「どう考える?憲法改正 中学生からの「知憲」1」谷口真由美監修 文溪堂 2017年3月

「憲法九条は私たちの安全保障です。」梅原猛著;大江健三郎著;奥平康弘著;澤地久枝著;鶴見俊輔著;池田香代子著;金泳鎬著;阪田雅裕著 岩波書店(岩波ブックレット) 2015年1月

「集団的自衛権の深層―平凡社新書」松竹伸幸著 平凡社 2013年9月

「池上彰の憲法入門」池上彰著 筑摩書房(ちくまプリマー新書) 2013年10月

「日本国憲法ってなに? 3」伊藤真著 新日本出版社 2017年7月

「文学部で読む日本国憲法」長谷川櫂著 筑摩書房(ちくまプリマー新書) 2016年8月

戦争＞疎開

「あんずの木の下で:体の不自由な子どもたちの太平洋戦争」小手鞠るい著 原書房 2015年7月

「くらしをくらべる戦前・戦中・戦後 1」古舘明廣著 岩崎書店 2021年1月

「パラオのきせき」宮本えつよし作・絵 ニコモ 2020年8月

「マダンの児:韓国と日本の空の下で」朴禮和著 ケイビーエス 2018年12月

「わたしたちの戦争体験 4 (疎開)」日本児童文芸家協会著;田代脩監修 学研教育出版 2010年2月

国際問題について知る

「わたしたちの戦争体験 6 (沖縄)」日本児童文芸家協会著;田代脩監修 学研教育出版 2010年2月

「わたしの沖縄戦 1」行田稔彦著 新日本出版社 2013年11月

「子どもたちが綴った戦争体験:シリーズ戦争 第4巻」村山士郎著 新日本出版社 2021年12月

「戦争と人びとの暮らし:1926～1945. 下—半藤先生の「昭和史」で学ぶ非戦と平和」半藤一利著 平凡社 2023年6月

「孫たちに語り伝える わたしの終戦:その日のこと—北摂の戦災;1」SAとよなか編 北摂叢書 2014年8月

「童謡詩人野口雨情ものがたり—ジュニア・ノンフィクション」楠木しげお作;坂道なつ絵 銀の鈴社 2010年8月

戦争＞第二次世界大戦

「アンネ・フランクに会いに行く」谷口長世著 岩波書店(岩波ジュニア新書) 2018年7月

「ナチスに挑戦した少年たち」フィリップ・フーズ作;金原瑞人訳 小学館 2018年7月

「プラハの子ども像:ナチス占領下の悲劇」早乙女勝元著 新日本出版社 2018年12月

「まんがでわかる日本の歴史:わかりやすい!おもしろい!楽しく読める! 大正デモクラシー編—Goma books」久松文雄画 ゴマブックス 2018年3月

「母が作ってくれたすごろく:ジャワ島日本軍抑留所での子ども時代」アネ=ルト・ウェルトハイム文;長山さき訳 徳間書店 2018年6月

「夜が明けて:わたしと大阪大空襲」平岡潤絵と文 文芸社 2018年5月

戦争＞地域紛争

「いますぐ考えよう!未来につなぐ資源・環境・エネルギー 2 (石油エネルギーを考える)」田中優著;山田玲司画 岩崎書店 2012年4月

「オシムからの旅」木村元彦著 理論社(よりみちパン!セ) 2010年2月

「かぎりあるエネルギー資源—世界と日本のエネルギー問題」小池康郎監修 文研出版 2012年11月

「トットちゃんと訪ねた子どもたち:撮り続けて三十五年:フォトエッセイ」田沼武能著 岩波書店(岩波ブックレット) 2021年10月

「ぼくは戦場カメラマン」渡部陽一作 角川書店(角川つばさ文庫) 2012年2月

「ルワンダに教育の種を:内戦を生き抜いた女性・マリールイズの物語」中地フキコ著 かもがわ出版 2011年6月

「交響曲「第九」歓びよ未来へ!:板東俘虜収容所奇跡の物語」くすのきしげのり作;古山拓絵 PHP研究所 2018年4月

国際問題について知る

「国際協力ってなんだろう：現場に生きる開発経済学」髙橋和志;山形辰史編著 岩波書店(岩波ジュニア新書) 2010年11月

「水をめぐる争い―世界と日本の水問題」橋本淳司著 文研出版 2010年12月

「世界史の中のパレスチナ問題―講談社現代新書」臼杵陽著 講談社 2013年1月

「戦火の子どもたちに学んだこと：アフガン、イラクから福島までの取材ノート―13歳からのあなたへ」西谷文和著 かもがわ出版 2012年7月

「地政学から戦争と平和を考える国際情勢と領土問題．[3]」国際地政学研究所監修 金の星社 2023年3月

「日本の国際協力がわかる事典：どんな活動をしているの？：災害救助から環境保護まで」造事務所編集・構成;牧田東一監修 PHP研究所 2012年2月

「紛争・対立・暴力：世界の地域から考える―〈知の航海〉シリーズ」西崎文子編著;武内進一編著 岩波書店(岩波ジュニア新書) 2016年10月

「紛争解決ってなんだろう」篠田英朗著 筑摩書房(ちくまプリマー新書) 2021年1月

「僕らが学校に行く理由―ワイド版ポプラ社ノンフィクション；42. 生きかた」渋谷敦志 写真・文 ポプラ社 2022年8月

「毎日がつまらない君へ―10分後に自分の世界が広がる手紙. 学校がもっとすきになるシリーズ」佐藤慧著 東洋館出版社 2021年3月

「領土を考える 3」松竹伸幸著 かもがわ出版 2013年3月

戦争＞中国残留孤児、中国残留婦人

「「中国残留婦人」を知っていますか」東志津著 岩波書店(岩波ジュニア新書) 2011年8月

「あぁ、お父さんお母さん：中国に残された日本人戦争孤児の物語」平風七文;小山道子切り絵;小野順絵 太陽への道社(緑新書) 2021年7月

「じいじが迷子になっちゃった：あなたへと続く家族と戦争の物語」城戸久枝著 偕成社 2019年8月

「池上彰の現代史授業：21世紀を生きる若い人たちへ 昭和編4 (昭和五十・六十年代ゆらぐ成長神話)」池上彰監修・著 ミネルヴァ書房 2014年12月

「望郷の鐘：中国残留孤児の父・山本慈昭」和田登作;和田春奈絵 しなのき書房 2013年8月

戦争＞独立戦争

「28 DAYS：運命をかえた黒人たちすべては夢のために」チャールズ・R.スミス・ジュニア作;シェーン・W.エヴァンス絵;北川静江訳 バベルプレス 2017年1月

国際問題について知る

戦争＞ひめゆり学徒隊

「みんなが知りたい！世界と日本の戦争遺産：戦跡から平和を学ぶ本 新版—まなぶっく」歴史学習研究会著 メイツユニバーサルコンテンツ 2021年6月

「ももちゃんのピアノ：沖縄戦・ひめゆり学徒の物語—ワイド版ポプラ社ノンフィクション」柴田昌平文;阿部結絵 ポプラ社 2022年5月

「わたしの沖縄戦 2」行田稔彦著 新日本出版社 2014年3月

「わたしの沖縄戦 3」行田稔彦著 新日本出版社 2014年3月

「教師と生徒のための日清・日露・太平洋戦争事典」新藤英晶著 元就出版社 2013年10月

「読み聞かせる戦争 新装版」日本ペンクラブ編;加賀美幸子選 光文社 2015年7月

戦争＞捕虜

「ラーゲリ犬クロの奇跡」祓川学作;田地川じゅん絵 ハート出版 2023年7月

「戦火の約束：漫画でよめる！：語り継がれる戦争の記憶」三枝義浩漫画;横山秀夫原作 講談社 2015年7月

「命ある限り：劇「関東大震災-命ある限り-」は、こうして生まれた」平風七文・編;小野順絵 太陽への道社（緑新書）2014年9月

脱北

「1945年鎮南浦の冬を越えて：少女と家族の引き揚げ回想録」遠藤みえ子著 長崎出版 2012年1月

「ソンジュの見た星：路上で生きぬいた少年」リソンジュ著;スーザン・マクレランド著;野沢佳織訳 徳間書店 2019年5月

内戦

「オシムからの旅」木村元彦著 イースト・プレス（よりみちパン！セ）2011年12月

「オマルとハッサン：4歳で難民になったぼくと弟の15年」ヴィクトリア・ジェミスン作;オマル・モハメド原案;イマン・ゲディ彩色;中山弘子訳;滝澤三郎監修 合同出版 2021年5月

「キャパとゲルダ：ふたりの戦場カメラマン」マーク・アロンソン著;マリナ・ブドーズ著;原田勝訳 あすなろ書房 2019年9月

「シリア情勢：終わらない人道危機」青山弘之著 岩波書店（岩波新書新赤版）2017年3月

「なるほど知図帳世界2020」昭文社地図編集部編集 昭文社 2019年12月

「なるほど知図帳世界2021」昭文社地図編集部編集 昭文社 2020年12月

「ぼくが5歳の子ども兵士だったとき：内戦のコンゴで」ジェシカ・ディー・ハンフリーズ作;ミシェル・チクワニネ作;クローディア・ダビラ絵;渋谷弘子訳 汐文社 2015年7月

国際問題について知る

「戦場の秘密図書館：シリアに残された希望」マイク・トムソン著;小国綾子編訳 文溪堂 2019年12月

「戦争がなかったら = If There were No War：3人の子どもたち10年の物語―ポプラ社ノンフィクション」高橋邦典著 ポプラ社 2013年11月

「地政学から戦争と平和を考える国際情勢と領土問題. [3]」国際地政学研究所監修 金の星社 2023年3月

「池上彰と考える戦争の現代史 1」池上彰監修 ポプラ社 2016年4月

「池上彰と考える戦争の現代史 2」池上彰監修 ポプラ社 2016年4月

「内戦の地に生きる：フォトグラファーが見た「いのち」」橋本昇著 岩波書店(岩波ジュニア新書) 2019年4月

「両手を奪われても：シエラレオネの少女マリアトゥ」マリアトゥ・カマラ共著;スーザン・マクリーランド共著;村上利佳訳 汐文社 2012年12月

迫害

「アンネ・フランク：日記は語る」岡田好惠文 講談社(講談社火の鳥伝記文庫) 2018年8月

「アンネのこと、すべて：アンネの人生のこと、これまで寄せられたたくさんの質問とその答えを、ここにお伝えします」メノー・メッツェラー著;ピット・ファン・レダン著;アンネ・フランク・ハウス編;ハック・スキャリー画;小林エリカ訳;石岡史子日本語版監修 ポプラ社 2018年11月

「となりの難民：日本が認めない99%の人たちのSOS」織田朝日著 旬報社 2019年11月

「ファニー13歳の指揮官」ファニー・ベン=アミ著;ガリラ・ロンフェデル・アミット編;伏見操訳 岩波書店 2017年8月

「ホロコーストを生きぬいた6人の子どもたち」キャス・シャックルトン 作・絵; ゼイン・ウィッティンガム 作・絵; ライアン・ジョーンズ 作・絵;石岡史子 訳 合同出版 2022年11月

「私を救ったオットー・ヴァイト：ナチスとたたかった真実の記録」インゲ・ドイチュクローン作;藤村美織訳 汐文社 2016年2月

「杉原千畝：命のビザ」石崎洋司文;山下和美絵 講談社(講談社火の鳥伝記文庫) 2018年7月

「世界の難民の子どもたち 5」アンディ・グリン作;難民を助ける会監修;いわたかよこ訳 ゆまに書房 2016年10月

「西洋美術とレイシズム」岡田温司著 筑摩書房(ちくまプリマー新書) 2020年12月

「難民の?がわかる本」木下理仁著;山中正大イラスト 太郎次郎社エディタス 2023年4月

「紛争・迫害の犠牲になる難民の子どもたち」国連難民高等弁務官事務所 著;櫛田理絵 訳 合同出版 2022年2月

国際問題について知る

発展途上国、開発途上国

「いのちのバトンをつなぎたい：世界の子どもの3人に1人は栄養不良」ワールド・ビジョン・ジャパン 編著 合同出版 2022年4月

「スポーツでひろげる国際理解 2」中西哲生監修 文溪堂 2018年3月

「ニニとマキ：未来の選択」Erina.M著 総合地球環境学研究所SRIREPPROJECT 2023年11月

「ふえる人口へる人口―世界と日本の人口問題」鬼頭宏監修 文研出版 2013年12月

「わたしは女の子だから：世界を変える夢をあきらめない子どもたち」ローズマリー・マカーニー文;ジェン・オールバー文;プラン・インターナショナル文;西田佳子訳 西村書店東京出版編集部 2019年3月

「少女のための海外の話」三砂ちづる著 ミツイパブリッシング 2020年8月

「地球の人口を考える―世界と日本の人口問題」鬼頭宏監修 文研出版 2013年10月

パレスチナ問題

「ガザ：戦争しか知らないこどもたち」清田明宏著 ポプラ社 2015年5月

「ママとマハ：パレスチナに生きるふたり」高橋美香文・写真 かもがわ出版 2023年1月

「高校生からわかるイスラム世界：池上彰の講義の時間」池上彰著 ホーム社 2010年9月

「世界史の中のパレスチナ問題―講談社現代新書」臼杵陽著 講談社 2013年1月

「池上彰と考える戦争の現代史 3」池上彰監修 ポプラ社 2016年4月

ヘイトスピーチ

「ヘイト・スピーチとは何か」師岡康子著 岩波書店(岩波新書新赤版) 2013年12月

「差別の現在：ヘイトスピーチのある日常から考える―平凡社新書」好井裕明著 平凡社 2015年3月

亡命

「ショパン：花束の中に隠された大砲」崔善愛著 岩波書店(岩波ジュニア新書) 2010年9月

密輸、密漁

「アフリカゾウのなみだ」Shusui原案;佐々木一聡絵;RUI文 小学館 2015年10月

「グラフや表から環境問題を考える日本の固有種 3」今泉忠明監修 汐文社 2021年2月

「この世界からサイがいなくなってしまう：アフリカでサイを守る人たち―環境ノンフィクション」味田村太郎文 学研プラス 2021年6月

「さらわれたチンパンジー 愛蔵版―野生どうぶつを救え!本当にあった涙の物語」ジェス・フレンチ著;嶋田香訳 KADOKAWA 2017年9月

国際問題について知る

「さらわれたチンパンジー―野生どうぶつを救え!本当にあった涙の物語」ジェス・フレンチ著;嶋田香訳 KADOKAWA 2017年7月

「ニホンカワウソはつくづく運がわるかった?!:ひらめき動物保全学」熊谷さとし著 偕成社 2015年10月

「海に帰れないイルカ 愛蔵版―野生どうぶつを救え!本当にあった涙の物語」ジニー・ジョンソン著;嶋田香訳 KADOKAWA 2017年6月

「海に帰れないイルカ―野生どうぶつを救え!本当にあった涙の物語」ジニー・ジョンソン著;嶋田香訳 KADOKAWA 2017年3月

「消えたレッサーパンダを追え!:警視庁「生きもの係」事件簿」たけたにちほみ文;西脇せいご絵 学研プラス(環境ノンフィクション) 2020年10月

「食物連鎖の大研究:いのちはつながっている!:しくみから環境破壊による危機まで」目黒伸一監修 PHP研究所 2011年7月

「世界の絶滅危機動物大研究:このままで生き残れるの?:オランウータンからラッコまで」藤原幸一著 PHP研究所 2013年3月

「絶滅危機動物:最新版IUCNレッドリスト対応!!―新・ポケット版学研の図鑑;14」今泉忠明監修;小宮輝之監修;大渕希郷監修 学研教育出版 2012年7月

「地球の動物を守れ―マジック・ツリーハウス探険ガイド」メアリー・ポープ・オズボーン著;ナタリー・ポープ・ボイス著;高畑智子訳 メディアファクトリー 2013年6月

南シナ海問題

「高校生にも読んでほしい海の安全保障の授業:日本人が知らない南シナ海の大問題!」佐藤正久著 ワニブックス 2016年12月

領土問題

「13歳からの領土問題―13歳からのあなたへ」松竹伸幸著 かもがわ出版 2014年10月

「13歳からの拉致問題:弟と家族の物語―13歳からのあなたへ」蓮池透著 かもがわ出版 2013年2月

「ぼくたちはこの国をこんなふうに愛することに決めた」高橋源一郎著 集英社(集英社新書) 2017年12月

「メチのいた島:語り伝える恵み豊かな島竹島」すぎはらゆみこ文;かみなかおさむ絵;山陰中央新報社編 山陰中央新報社 2014年2月

「教えて!池上さん:最新ニュース解説 2」池上彰著 毎日新聞社 2013年3月

「新コンパクト地図帳 2021-2022 改訂版」二宮書店編集部著 二宮書店 2021年3月

「千春先生の平和授業 2011〜2012 (未来は子どもたちがつくる)」竹中千春著 朝日学生新聞社 2012年6月

国際問題について知る

「池上彰の現代史授業：21世紀を生きる若い人たちへ 平成編4（平成二十年代世界と日本の未来へ）」池上彰監修・著 ミネルヴァ書房 2015年3月

「池上彰の世界の見方 = Akira Ikegami,How To See the World ロシア」池上彰著 小学館 2018年11月

「池上彰の世界の見方 = Akira Ikegami,How To See the World 朝鮮半島」池上彰著 小学館 2018年4月

「中学生に教えたい日本と中国の本当の歴史―徳間ポケット；006」黄文雄著 徳間書店 2012年12月

「日本と世界の領土―帝国書院地理シリーズ；別巻」帝国書院編集部編集 帝国書院 2016年2月

「日本のすごい島調べ事典 1（島と領土問題）」教育画劇 2014年2月

「日本を守るため、明日から戦えますか？：13歳から考える安全保障」葛城奈海著 ビジネス社 2023年6月

「北方領土のなにが問題?―歴史総合パートナーズ；16」黒岩幸子 著 清水書院 2022年8月

「領土を考える 1」塚本孝監修 かもがわ出版 2012年11月

「領土を考える 2」松竹伸幸著 かもがわ出版 2013年2月

「領土を考える 3」松竹伸幸著 かもがわ出版 2013年3月

「領土問題をどう解決するか：対立から対話へ―平凡社新書」和田春樹著 平凡社 2012年10月

【国際的な機関や組織を知る】

ILO(国際労働機関)

「日本の労働を世界に問う:ILO条約を活かす道」牛久保秀樹著;村上剛志著 岩波書店(岩波ブックレット) 2014年5月

IOC(国際オリンピック委員会)

「世界の国旗 = An Encyclopedia of The World Flags and Countries : 国旗・海外領土旗の意味、国の成り立ちがわかる!:親子で学べる!楽しめる!」シャスタインターナショナル編;国際政治文化研究会監修 シャスタインターナショナル 2016年1月

ICAN(核兵器廃絶国際キャンペーン)

「核兵器はなくせる」川崎哲著 岩波書店(岩波ジュニア新書) 2018年7月

「核兵器禁止から廃絶へ」川崎哲著 岩波書店(岩波ブックレット) 2021年12月

「僕の仕事は、世界を平和にすること。—探究のDOOR;1」川崎哲著 旬報社 2023年6月

ASEAN(東南アジア諸国連合)

「ニュースに出てくる国際組織じてん 2」池上彰監修 彩流社 2016年3月

EC(欧州共同体)

「池上彰の現代史授業:21世紀を生きる若い人たちへ 平成編2 (20世紀の終わりEU誕生・日本の新時代)」池上彰監修・著 ミネルヴァ書房 2015年2月

「池上彰の世界の見方 = Akira Ikegami,How To See the World ドイツとEU」池上彰著 小学館 2017年11月

EU(欧州連合)

「13歳から考える戦争入門:なぜ、戦争はなくならないのか?」長谷川敦著;増田ユリヤ監修;かみゆ歴史編集部編 旬報社 2023年12月

「EU崩壊」木村正人著 新潮社(新潮新書) 2013年11月

「ニュースに出てくる国際組織じてん 2」池上彰監修 彩流社 2016年3月

「フランス現代史」小田中直樹著 岩波書店(岩波新書新赤版) 2018年12月

「ヨーロッパがわかる:起源から統合への道のり」明石和康著 岩波書店(岩波ジュニア新書) 2013年12月

「英語で学ぶEU = Let's explore Europe!:日本語対訳付き」欧州連合 駐日欧州連合代表部 2014年4月

国際的な機関や組織を知る

「英語で学ぶEU = Let's explore Europe! : 日本語対訳付き 第2版」駐日欧州連合代表部 2015年10月

「現代史は地理から学べ」宮路秀作著 SBクリエイティブ(SB新書) 2023年8月

「世界の人びとに聞いた100通りの平和 シリーズ4」伊勢﨑賢治監修 かもがわ出版 2016年3月

「池上彰の世界の見方 = Akira Ikegami,How To See the World イギリスとEU」池上彰著 小学館 2019年12月

「池上彰の世界の見方 = Akira Ikegami,How To See the World ドイツとEU」池上彰著 小学館 2017年11月

国際公務員

「国連で働く : 世界を支える仕事」植木安弘編著 岩波書店(岩波ジュニア新書) 2023年10月

国際連合

「13歳からの環境問題 : 「気候正義」の声を上げ始めた若者たち」志葉玲著 かもがわ出版 2020年4月

「13歳から考える戦争入門 : なぜ、戦争はなくならないのか?」長谷川敦著;増田ユリヤ監修;かみゆ歴史編集部編 旬報社 2023年12月

「SDGs〈世界の未来を変えるための17の目標〉2030年までのゴール」日能研教務部企画・編集 日能研 2017年8月

「SDGs〈世界の未来を変えるための17の目標〉2030年までのゴール 改訂新版」日能研教務部企画・編集 日能研 2020年11月

「いまこそ知りたい!みんなでまなぶ日本国憲法 3」明日の自由を守る若手弁護士の会編・著 ポプラ社 2016年4月

「グレタと立ち上がろう : 気候変動の世界を救うための18章」ヴァレンティナ・ジャンネッラ著;マヌエラ・マラッツィイラスト;川野太郎訳 岩崎書店 2020年2月

「こどもSDGs : なぜSDGsが必要なのかがわかる本」秋山宏次郎監修;バウンド著 カンゼン 2020年8月

「ニュースに出てくる国際条約じてん 1(国際組織と領土)」池上彰監修;こどもくらぶ編 彩流社 2015年3月

「ニュースに出てくる国際組織じてん 1」池上彰監修 彩流社 2016年3月

「はてな?なぜかしら?国際紛争 改訂版!―改訂版!はてな?なぜかしら?国際問題 ; 3」池上彰監修 教育画劇 2016年4月

「わたしたちの権利の物語. [2]」トビー・ニューサム絵;杉木志帆日本語版監修 文研出版 2023年1月

「家族農業が世界を変える 3」関根佳恵 監修・著 かもがわ出版 2022年3月

国際的な機関や組織を知る

「決め方の大研究:どんな方法があるの?:ジャンケンから選挙まで」佐伯胖監修;造事務所編集・構成 PHP研究所 2012年10月

「月別カレンダーで1からわかる!日本の政治」伊藤賀一監修 小峰書店 2021年12月

「現代社会ライブラリーへようこそ! 2019-20」現代社会ライブラリーへようこそ!編集委員会著 清水書院 2019年8月

「国際貢献のウソ」伊勢崎賢治著 筑摩書房(ちくまプリマー新書) 2010年8月

「国谷裕子と考えるSDGsがわかる本」国谷裕子監修 文溪堂 2019年1月

「国連で働く:世界を支える仕事」植木安弘編著 岩波書店(岩波ジュニア新書) 2023年10月

「国連ファミリー・パーフェクトガイド:SDGsがより深くわかる!:しくみと役割」稲葉茂勝 著;鎌田靖 監修 新日本出版社 2022年1月

「子どもの権利宣言:ビジュアル版」シェーヌ出版社編;遠藤ゆかり訳 創元社 2018年10月

「社会の?を探検:はじめてのアクティブ・ラーニング 昔と今の日本」小宮山博仁著;中山成子絵 童心社 2016年3月

「社会科はおもしろい!ランキング!令和版 4」教育画劇編集部 著 教育画劇 2022年4月

「緒方貞子—波乱に満ちておもしろい!ストーリーで楽しむ伝記;10」小手鞠るい 著;佐竹美保絵 岩崎書店 2022年3月

「小学生から知っておきたいザ・外交 2巻」佐藤優 総監修;髙橋良祐 監修;渡辺裕之 監修 文研出版 2022年10月

「身近でできるSDGsエシカル消費 2」三輪昭子著;山本良一監修 さ・え・ら書房 2019年5月

「世界で活躍する日本人:国際協力のお仕事 1」大橋正明監修 学研教育出版 2012年2月

「世界の国ぐに = THE SHOGAKUKAN CHILDREN'S ENCYCLOPEDIA OF WORLD COUNTRIES:キッズペディア」小学館編集 小学館 2017年11月

「世界の国ぐに大図鑑—まっぷるキッズ」田代博監修 昭文社 2020年7月

「世界の国ぐに大冒険:オリンピック登録国・地域に完全対応」井田仁康監修 PHPエディターズ・グループ 2017年9月

「世界の国旗 = An Encyclopedia of The World Flags and Countries:国旗・海外領土旗の意味、国の成り立ちがわかる!:親子で学べる!楽しめる!」シャスタインターナショナル編;国際政治文化研究会監修 シャスタインターナショナル 2016年1月

「世界の歴史 16」小学館(小学館版学習まんが) 2018年12月

「世界の歴史 17—角川まんが学習シリーズ」羽田正監修 KADOKAWA 2021年2月

「戦争はなぜ起こる?どうすれば防げるのか?:歴史と国際社会のしくみから考えよう—楽しい調べ学習シリーズ」森肇志監修 PHP研究所 2023年9月

国際的な機関や組織を知る

「知っていますか?SDGs：ユニセフとめざす2030年のゴール：世界の未来を変える17の目標 "SDGs"入門書」日本ユニセフ協会著 さ・え・ら書房 2018年9月

「池上彰のこれだけは知っておきたい!消費税のしくみ 3(世界の消費税)」池上彰監修;稲葉茂勝文 ポプラ社 2014年4月

「調べてみよう!国際機関の仕事：SDGsの時代へ 1」吉村祥子 監修 汐文社 2022年1月

「調べてみよう!国際機関の仕事：SDGsの時代へ 2」吉村祥子 監修 汐文社 2022年2月

「難民に希望の光を 真の国際人緒方貞子の生き方」中村恵 著 平凡社 2022年2月

「日本国憲法ってなに? 3」伊藤真著 新日本出版社 2017年7月

「紛争・迫害の犠牲になる難民の子どもたち」国連難民高等弁務官事務所 著;櫛田理絵 訳 合同出版 2022年2月

「未来をつくる!あたらしい平和学習 5」稲葉 茂勝 著;中満 泉 監修 岩崎書店 2022年2月

「未来を変える目標：SDGsアイデアブック」畠山重篤著;スギヤマカナヨ絵 ThinktheEarth 2018年5月

国際連盟

「Q&A(エー)式しらべる野球 4(世界の野球事情)」ベースボール・マガジン社編 ベースボール・マガジン社 2010年3月

「ニュースに出てくる国際組織じてん 1」池上彰監修 彩流社 2016年3月

「新渡戸稲造」文月鉄郎漫画;藤井茂監修 ポプラ社(コミック版世界の伝記) 2019年5月

「世界の歴史 15―角川まんが学習シリーズ」羽田正監修 KADOKAWA 2021年2月

「日本の歴史 14―角川まんが学習シリーズ」山本博文監修 KADOKAWA 2015年6月

国境なき医師団

「国境なき助産師が行く：難民救助の活動から見えてきたこと」小島毬奈著 筑摩書房(ちくまプリマー新書) 2018年10月

CIS(独立国家共同体)

「ニュースに出てくる国際組織じてん 2」池上彰監修 彩流社 2016年3月

JAXA(宇宙航空研究開発機構)

「キャリア教育に活きる!仕事ファイル：センパイに聞く 8」畠山重篤著;スギヤマカナヨ絵 小峰書店 2018年4月

「はやぶさ君の冒険日誌」小野瀬直美著;寺薗淳也監修 毎日新聞社 2011年7月

「ビジュアル宇宙をさぐる! 5 (これからの宇宙開発)」渡部潤一監修 ポプラ社 2012年3月

「ロケット発射場の一日―講談社の創作絵本」いわた慎二郎作・絵 講談社 2017年7月

国際的な機関や組織を知る

「宇宙のがっこう」JAXA宇宙教育センター監修;NHK出版編 NHK出版 2020年7月

「宇宙をめざせ!科学実験大図鑑:JAXA×かいけつゾロリ:JAXA発の実験集!」JAXA宇宙教育センター著 ポプラ社 2023年3月

「宇宙兄弟-アニメでよむ宇宙たんけんブック-」講談社編;小山宙哉原作;林公代監修・文 講談社 2012年8月

「宇宙就職案内」林公代著 筑摩書房(ちくまプリマー新書) 2012年5月

「宇宙食になったサバ缶」小坂康之 著;別司芳子 著;早川世詩男 装画・挿絵 小学館 2022年7月

「宇宙飛行士はどうやってウンチをするの?:宇宙への興味が無限に広がる雑学50」キッズトリビア倶楽部編;加藤のりこ絵 えほんの杜 2019年8月

「小惑星探査機「はやぶさ」大図鑑」川口淳一郎監修;池下章裕CGイラストレーション 偕成社 2012年8月

「小惑星探査機はやぶさくんの冒険:7年間の奇跡!―学習漫画SCIENCE」柊ゆたか漫画;黒沢翔シナリオ;小野瀬直美;奥平恭子原作;吉川真監修 集英社 2011年6月

「町工場の底力 2 (ロケットを飛ばす)」こどもくらぶ編さん かもがわ出版 2013年10月

「理系の職場. 6」こどもくらぶ編 同友館 2023年8月

セーブ・ザ・チルドレン

「エグランタイン・ジェブ―コミック版世界の伝記;54」瑞樹奈穂漫画;村上リコ原作;セーブ・ザ・チルドレン・ジャパン監修 ポプラ社 2023年4月

赤十字社

「学習まんが歴史で感動!ポーランド孤児を救った日本赤十字社」水谷俊樹原作;加来耕三企画・構成・監修;北神諒作画 ポプラ社 2016年11月

「新・親子で学ぶ偉人物語 3」河合敦監修;小林裕子イラスト;モラロジー研究所出版部編集 モラロジー研究所 2013年6月

「世界で活躍する日本人:国際協力のお仕事 1」大橋正明監修 学研教育出版 2012年2月

WTO(世界貿易機関)

「WTO:貿易自由化を超えて」中川淳司著 岩波書店(岩波新書新赤版) 2013年3月

「ニュースに出てくる国際組織じてん 3」池上彰監修 彩流社 2016年3月

「食料自給率を考える―世界と日本の食料問題」山崎亮一監修 文研出版 2012年1月

WHO(世界保健機関)

「ニュースに出てくる国際組織じてん 1」池上彰監修 彩流社 2016年3月

国際的な機関や組織を知る

「感染症と人類の歴史：公衆衛生」池田光穂監修;おおつかのりこ文;合田洋介絵 文研出版 2021年12月

「新型インフル：パンデミックを防ぐために」外岡立人著 岩波書店(岩波ブックレット) 2013年7月

「調べてみよう!国際機関の仕事：SDGs時代へ 3」吉村祥子 監修 汐文社 2022年3月

NASA(アメリカ航空宇宙局)

「わたしにまかせて!：アポロ13号をすくった数学者キャサリン・ジョンソン」ヘレーン・ベッカー文;ダウ・プミラク絵;さくまゆみこ訳 子どもの未来社 2023年11月

「宇宙の話をしよう = Tales of the Cosmic Voyage」小野雅裕作;利根川初美絵 SBクリエイティブ 2020年11月

「宇宙兄弟-アニメでよむ宇宙たんけんブック-」講談社編;小山宙哉原作;林公代監修・文 講談社 2012年8月

「科学感動物語 1」学研教育出版編集 学研教育出版 2013年2月

「職場体験完全ガイド 56」ポプラ社 2018年4月

「大人になったらしたい仕事：「好き」を仕事にした35人の先輩たち 3」朝日中高生新聞編集部編著 朝日学生新聞社 2019年8月

UNHCR(国連高等難民弁務官事務所)

「紛争・迫害の犠牲になる難民の子どもたち」国連難民高等弁務官事務所 著;櫛田理絵 訳 合同出版 2022年2月

UNICEF(国際連合児童基金)

「トットちゃんと訪ねた子どもたち：撮り続けて三十五年：フォトエッセイ」田沼武能著 岩波書店(岩波ブックレット) 2021年10月

「ニュースに出てくる国際組織じてん 1」池上彰監修 彩流社 2016年3月

「マークで学ぶSDGs街でみつかるマーク」蟹江憲史監修 ほるぷ出版 2021年2月

「感染症と人類の歴史：公衆衛生」池田光穂監修;おおつかのりこ文;合田洋介絵 文研出版 2021年12月

「希望、きこえる?：ルワンダのラジオに子どもの歌が流れた日」榮谷明子著 汐文社 2020年6月

「国連で働く：世界を支える仕事」植木安弘編著 岩波書店(岩波ジュニア新書) 2023年10月

「調べてみよう!国際機関の仕事：SDGsの時代へ 1」吉村祥子 監修 汐文社 2022年1月

国際的な機関や組織を知る

UNESCO（国際連合教育科学文化機関）

「ニュースに出てくる国際組織じてん 1」池上彰監修 彩流社 2016年3月

「はたらく細胞Lady 10代女性が知っておきたい「性」の新知識―KCDX」及川夕子 著;高橋幸子 医療監修;原田重光 監修;乙川灯 監修;清水茜 監修 講談社 2022年11月

「私を変えた体験：世界の若者からのメッセージ：五井平和財団・ユネスコ主催国際ユース作文コンテスト選集」五井平和財団編 フェリシモ 2012年2月

「親子で考えるから楽しい!世界で学ばれている性教育 = Education for Human Sexuality：安全、同意、多様性、年齢別で伝えやすい!ユネスコから学ぶ包括的性教育：5歳〜18歳年齢別でよくわかる―1時間で一生分の「生きる力」; 3」上村彰子 構成・文;田代美江子 監修;大久保ヒロミ まんが&イラスト 講談社 2022年3月

「世界で活躍する日本人：国際協力のお仕事 1」大橋正明監修 学研教育出版 2012年2月

「調べてみよう!国際機関の仕事：SDGs時代へ 3」吉村祥子 監修 汐文社 2022年3月

「裏読み世界遺産」平山和充著 筑摩書房(ちくまプリマー新書) 2010年10月

【国際関係の学問や教育を知る】

英会話

「あの俳優は、なぜ短期間で英語が話せるようになったのか?」塩屋孔章;ラッセル・トッテン著 SBクリエイティブ(SB新書) 2016年3月

「こんなとき英語でどう切り抜ける?―青春新書INTELLIGENCE」柴田真一著 青春出版社 2017年6月

「サバイバル英会話:「話せるアタマ」を最速でつくる」関正生著 NHK出版(NHK出版新書) 2018年10月

「その「英語」が子どもをダメにする:間違いだらけの早期教育―青春新書INTELLIGENCE」榎本博明著 青春出版社 2017年9月

「その英語、こう言いかえればササるのに!―青春新書INTELLIGENCE」関谷英里子著 青春出版社 2013年8月

「その英語、仕事の相手はカチンときます―青春新書INTELLIGENCE」デイビッド・セイン著 青春出版社 2013年6月

「ネイティブにスッと伝わる英語表現の言い換え700―青春新書INTELLIGENCE」キャサリン・A・クラフト著;里中哲彦編訳 青春出版社 2023年10月

「英会話〈ネイティブ流〉使い回しの100単語:中学単語でここまで通じる!―青春新書INTELLIGENCE」デイビッド・セイン著 青春出版社 2018年11月

「英会話その"直訳"はネイティブを困らせます―青春新書INTELLIGENCE」デイビッド・セイン著 青春出版社 2019年12月

「英会話その単語じゃ人は動いてくれません―青春新書INTELLIGENCE」デイビッド・セイン著 青春出版社 2015年1月

「英会話その勉強ではもったいない!―青春新書INTELLIGENCE」デイビッド・セイン著 青春出版社 2019年6月

「英会話ネイティブの1行フレーズ2500:これ一冊で日常生活まるごとOK!―青春新書INTELLIGENCE」デイビッド・セイン著 青春出版社 2020年3月

「英会話言わなきゃよかったこの単語―青春新書INTELLIGENCE」デイビッド・セイン著 青春出版社 2021年1月

「英語で話すヒント:通訳者が教える上達法」小松達也著 岩波書店(岩波新書新赤版) 2012年1月

「英語に好かれるとっておきの方法:4技能を身につける」横山カズ著 岩波書店(岩波ジュニア新書) 2016年6月

「英語のハノン. フレーズ編」中村佐知子著;横山雅彦著 筑摩書房 2023年2月

国際関係の学問や教育を知る

「英語の瞬発力をつける9マス英作文トレーニング:英語思考を育てる科学的口頭練習」林一紀著 SBクリエイティブ 2018年9月

「英語は「リズム」で9割通じる!─青春新書INTELLIGENCE」竹下光彦著 青春出版社 2013年4月

「覚えておきたい基本英会話フレーズ130」小池直己著 岩波書店(岩波ジュニア新書) 2018年4月

「語源の音で聴きとる!英語リスニング」山並陞一著 文藝春秋(文春新書) 2011年12月

「身につく英語のためのA to Z」行方昭夫著 岩波書店(岩波ジュニア新書) 2014年8月

「中学の単語ですぐに話せる!英会話1000フレーズ─青春新書INTELLIGENCE」デイビッド・セイン著 青春出版社 2018年6月

「中学英語で日本を紹介する本─14歳の世渡り術」デイビッド・セイン著 河出書房新社 2017年2月

「日本人が言えそうで言えない英語表現650─青春新書INTELLIGENCE」キャサリン・A・クラフト著;里中哲彦編訳 青春出版社 2022年8月

「文法いらずの「単語ラリー」英会話─青春新書INTELLIGENCE」晴山陽一著 青春出版社 2014年4月

「話すための英文法」小池直己著 岩波書店(岩波ジュニア新書) 2011年9月

英語、外国語

「「ネイティブ発音」科学的上達法:おどろきのストレッチ式発声術」藤田佳信著 講談社(ブルーバックス) 2014年9月

「「英語のなぜ?」がわかる図鑑:学校の先生も答えられない─青春新書INTELLIGENCE」伏木賢一監修 青春出版社 2020年7月

「「中学英語」を学び直すイラスト教科書─青春新書INTELLIGENCE」晴山陽一著 青春出版社 2022年4月

「「超」英語独学法」野口悠紀雄著 NHK出版(NHK出版新書) 2021年3月

「10代と語る英語教育:民間試験導入延期までの道のり」鳥飼玖美子著 筑摩書房(ちくまプリマー新書) 2020年8月

「13歳からのもっと頭がよくなるコツ大全」小野田博一著 PHPエディターズ・グループ 2018年8月

「13歳からの英語が簡単に話せるようになる本:東大卒の著者が教える「英語が自然と身につく」学び方」小野田博一著 PHPエディターズ・グループ 2020年10月

「13歳からの英語ノート:「苦手」が「得意」に変わる超効率トレーニング」小野田博一著 PHPエディターズ・グループ 2010年2月

「13歳からの頭がよくなるコツ大全」小野田博一著 PHPエディターズ・グループ 2014年9月

国際関係の学問や教育を知る

「14歳からのケンチク学」五十嵐太郎編 彰国社 2015年4月

「50カ国語習得法:誰にでもできる、いまからでも間に合う」新名美次著 講談社(ブルーバックス) 2015年11月

「6ケ月で早慶に受かる超勉強法」城野優著 エール出版社(Yellbooks) 2011年5月

「NARUTO-ナルト-名言集絆-KIZUNA- 地ノ巻」岸本斉史著 集英社(集英社新書) 2013年3月

「NARUTO-ナルト-名言集絆-KIZUNA- 天ノ巻」岸本斉史著 集英社(集英社新書) 2013年3月

「アスリートたちの英語トレーニング術」岡田圭子著;野村隆宏著 岩波書店(岩波ジュニア新書) 2011年8月

「かのこちゃんとマドレーヌ夫人」万城目学著 筑摩書房(ちくまプリマー新書) 2010年1月

「しゃべって身につく中学英語Web講座:Starter中1前半レベル」山田暢彦著 学研教育出版 2015年8月

「なぜか私(ボクワタシ)の成績が上がらない!?と思った時にそっと開く本:千葉の凄腕学習塾講師が贈る100の学習アドバイス」千葉学習塾協同組合編 エール出版社 2017年10月

「なんで英語、勉強すんの?」鳥飼玖美子著 岩波書店(岩波ジュニアスタートブックス) 2021年9月

「ニホン英語は世界で通じる—平凡社新書」末延岑生著 平凡社 2010年7月

「ネイティブに伝わる「シンプル英作文」」デイビッド・セイン著;森田修著 筑摩書房(ちくまプリマー新書) 2013年3月

「はじめて読む!海外文学ブックガイド:人気翻訳家が勧める、世界が広がる48冊—14歳の世渡り術」越前敏弥ほか著 河出書房新社 2022年7月

「バッチリ身につく英語の学び方」倉林秀男著 筑摩書房(ちくまプリマー新書) 2021年12月

「ひらめき!英語迷言教室:ジョークのオチを考えよう」右田邦雄著 岩波書店(岩波ジュニア新書) 2022年5月

「プチ革命言葉の森を育てよう」ドリアン助川著 岩波書店(岩波ジュニア新書) 2014年7月

「ポジティブになれる英語名言101」小池直己著;佐藤誠司著 岩波書店(岩波ジュニア新書) 2019年6月

「やさしい英語のことわざ:このことわざ、英語でどう言うの? 1」安藤邦男編集委員;萱忠義編集委員;CuongHuynh編集委員;JamesWang編集委員 くもん出版 2018年1月

「わたしの外国語漂流記:未知なる言葉と格闘した25人の物語—14歳の世渡り術」河出書房新社編 河出書房新社 2020年2月

「一流は、なぜシンプルな英単語で話すのか—青春新書INTELLIGENCE」柴田真一著 青春出版社 2016年3月

国際関係の学問や教育を知る

「英会話その勉強ではもったいない!―青春新書INTELLIGENCE」デイビッド・セイン著 青春出版社 2019年6月

「英会話ネイティブの1行フレーズ2500：これ一冊で日常生活まるごとOK!―青春新書INTELLIGENCE」デイビッド・セイン著 青春出版社 2020年3月

「英語、苦手かも…?と思ったときに読む本―14歳の世渡り術」デイビッド・セイン著 河出書房新社 2019年11月

「英語で学ぶカーネギー「人の動かし方」―講談社現代新書」木村和美著 講談社 2020年6月

「英語の害毒」永井忠孝著 新潮社(新潮新書) 2015年6月

「英語の瞬発力をつける9マス英作文トレーニング：英語思考を育てる科学的口頭練習」林一紀著 SBクリエイティブ 2018年9月

「英語の謎：歴史でわかるコトバの疑問」岸田緑渓著;早坂信著;奥村直史著 KADOKAWA(角川ソフィア文庫) 2018年1月

「英語は「語源×世界史」を知ると面白い―青春新書INTELLIGENCE」清水建二著 青春出版社 2023年7月

「英語バカのすすめ：私はこうして英語を学んだ」横山雅彦著 筑摩書房(ちくまプリマー新書) 2020年3月

「英作文のためのやさしい英文法」佐藤誠司著 岩波書店(岩波ジュニア新書) 2010年6月

「英文法練習帳」晴山陽一著 筑摩書房(ちくまプリマー新書) 2010年8月

「音読で外国語が話せるようになる科学：科学的に正しい音読トレーニングの理論と実践」門田修平著 SBクリエイティブ 2020年3月

「科学的トレーニングで英語力は伸ばせる!」田浦秀幸著 マイナビ出版 2016年1月

「解釈につよくなるための英文50」行方昭夫著 岩波書店(岩波ジュニア新書) 2012年2月

「外国語をはじめる前に」黒田龍之助著 筑摩書房(ちくまプリマー新書) 2012年7月

「外国語を話せるようになるしくみ：シャドーイングが言語習得を促進するメカニズム」門田修平編著 SBクリエイティブ 2018年5月

「覚えておきたい基本英会話フレーズ130」小池直己著 岩波書店(岩波ジュニア新書) 2018年4月

「完全独学!無敵の英語勉強法」横山雅彦著 筑摩書房(ちくまプリマー新書) 2015年11月

「言語の力：「思考・価値観・感情」なぜ新しい言語を持つと世界が変わるのか?」ビオリカ・マリアン著;今井むつみ監訳・解説;桜田直美訳 KADOKAWA 2023年12月

「語源×図解くらべて覚える英単語―青春新書INTELLIGENCE」清水建二著;すずきひろしイラスト 青春出版社 2021年5月

「語源×図解もっとくらべて覚える英単語名詞―青春新書INTELLIGENCE」清水建二著;すずきひろしイラスト 青春出版社 2022年5月

国際関係の学問や教育を知る

「語源でふやそう英単語」小池直己著 岩波書店(岩波ジュニア新書) 2010年7月

「高校生のための英語学習ガイドブック」佐藤誠司著 岩波書店(岩波ジュニア新書) 2012年3月

「国際情勢に強くなる英語キーワード」明石和康著 岩波書店(岩波ジュニア新書) 2016年3月

「四字熟語の中国史」冨谷至著 岩波書店(岩波新書新赤版) 2012年2月

「子どものサバイバル英語勉強術：早期教育に惑わされない!」関正生著 NHK出版(NHK出版新書) 2023年2月

「自分を励ます英語名言101」小池直己著;佐藤誠司著 岩波書店(岩波ジュニア新書) 2020年12月

「実践日本人の英語」マーク・ピーターセン著 岩波書店(岩波新書新赤版) 2013年4月

「小学校からの英語教育をどうするか」柳瀬陽介著;小泉清裕著 岩波書店(岩波ブックレット) 2015年3月

「小学校英語のジレンマ」寺沢拓敬著 岩波書店(岩波新書新赤版) 2020年2月

「身につく英語のためのA to Z」行方昭夫著 岩波書店(岩波ジュニア新書) 2014年8月

「世界が広がる英文読解」田中健一著 岩波書店(岩波ジュニア新書) 2023年7月

「世界で生きぬく理系のための英文メール術：短く、正確に、要点を押さえて」吉形一樹著 講談社(ブルーバックス) 2015年10月

「世界に通じるマナーとコミュニケーション：つながる心、英語は翼」横手尚子著;横山カズ著 岩波書店(岩波ジュニア新書) 2017年7月

「世界の文字の書き方・書道 1 (世界のアルファベットとカリグラフィー)」稲葉茂勝著;こどもくらぶ編 彩流社 2015年7月

「大人になって困らない語彙力の鍛えかた—14歳の世渡り術」今野真二著 河出書房新社 2017年11月

「中1英語をひとつひとつわかりやすく。改訂版」山田暢彦監修 学研プラス 2021年2月

「中学の単語ですぐに話せる!英会話1000フレーズ—青春新書INTELLIGENCE」デイビッド・セイン著 青春出版社 2018年6月

「東大・京大・難関国公立大医学部合格への英語」富澤利之著 エール出版社(Yellbooks) 2010年7月

「同時通訳はやめられない—平凡社新書」袖川裕美著 平凡社 2016年8月

「読解力をきたえる英語名文30」行方昭夫著 岩波書店(岩波ジュニア新書) 2022年11月

「怖いくらい通じるカタカナ英語の法則：ネット対応版：ネイティブも認めた画期的発音術」池谷裕二著 講談社(ブルーバックス) 2016年10月

国際関係の学問や教育を知る

「物語、英語で読んでみない?―岩波ジュニアスタートブックス」佐藤和哉著 岩波書店 2023年10月

「翻訳教室:はじめの一歩」鴻巣友季子著 筑摩書房(ちくまプリマー新書) 2012年7月

「名随筆で学ぶ英語表現:寺田寅彦in English」寺田寅彦原著;トム・ガリー著;松下貢著 岩波書店(岩波科学ライブラリー) 2021年6月

「理系のための「実戦英語力」習得法:最速でネイティブの感覚が身につく」志村史夫著 講談社(ブルーバックス) 2018年4月

「理系のための英語最重要「キー動詞」43:600超の例文で独特の用法を完全マスター!」原田豊太郎著 講談社(ブルーバックス) 2015年5月

「話したい人のための丸ごと覚える厳選英文100―ディスカヴァー携書」晴山陽一;クリストファー・ベルトン[著] ディスカヴァー・トゥエンティワン 2014年12月

英作文、ライティング

「〈意味順〉英作文のすすめ」田地野彰著 岩波書店(岩波ジュニア新書) 2011年3月

「ネイティブに伝わる「シンプル英作文」」デイビッド・セイン著;森田修著 筑摩書房(ちくまプリマー新書) 2013年3月

「英会話その勉強ではもったいない!―青春新書INTELLIGENCE」デイビッド・セイン著 青春出版社 2019年6月

「英作文のためのやさしい英文法」佐藤誠司著 岩波書店(岩波ジュニア新書) 2010年6月

言語学

「50カ国語習得法:誰にでもできる、いまからでも間に合う」新名美次著 講談社(ブルーバックス) 2015年11月

「あいまいな会話はなぜ成立するのか」時本真吾著 岩波書店(岩波科学ライブラリー) 2020年6月

「オノマトペの謎:ピカチュウからモフモフまで」窪薗晴夫編 岩波書店(岩波科学ライブラリー) 2017年5月

「ちいさい言語学者の冒険:子どもに学ぶことばの秘密」広瀬友紀著 岩波書店(岩波科学ライブラリー) 2017年3月

「チョムスキーと言語脳科学」酒井邦嘉著 集英社インターナショナル 2019年4月

「音とことばのふしぎな世界:メイド声から英語の達人まで」川原繁人著 岩波書店(岩波科学ライブラリー) 2015年11月

「外国語をはじめる前に」黒田龍之助著 筑摩書房(ちくまプリマー新書) 2012年7月

「韓国語をいかに学ぶか:日本語話者のために―平凡社新書」野間秀樹著 平凡社 2014年6月

国際関係の学問や教育を知る

「言語の力 : 「思考・価値観・感情」なぜ新しい言語を持つと世界が変わるのか?」ビオリカ・マリアン著;今井むつみ監訳・解説;桜田直美訳 KADOKAWA 2023年12月

「翻訳教室 : はじめの一歩」鴻巣友季子著 筑摩書房(ちくまプリマー新書) 2012年7月

国際化学オリンピック

「めざせ国際科学オリンピック!―東京理科大学坊っちゃん科学シリーズ ; 8」東京理科大学出版センター編;渡辺正共著;秋山仁共著;北原和夫共著;松田良一共著;齋藤淳一共著;谷聖一共著 東京書籍 2014年4月

「教室からとびだせ物理 : 物理オリンピックの問題と解答」江沢洋;上條隆志;東京物理サークル編著 数学書房 2011年9月

「国際化学オリンピックに挑戦! 1」日本化学会化学オリンピック支援委員会監修;日本化学会化学グランプリ・オリンピック委員会オリンピック小委員会監修;国際化学オリンピックOBOG会編集 朝倉書店 2019年5月

「国際化学オリンピックに挑戦! 2」日本化学会化学オリンピック支援委員会監修;日本化学会化学グランプリ・オリンピック委員会オリンピック小委員会監修;国際化学オリンピックOBOG会編集 朝倉書店 2019年5月

「国際化学オリンピックに挑戦! 3」日本化学会化学オリンピック支援委員会監修;日本化学会化学グランプリ・オリンピック委員会オリンピック小委員会監修;国際化学オリンピックOBOG会編集 朝倉書店 2019年5月

「国際化学オリンピックに挑戦! 4」日本化学会化学オリンピック支援委員会監修;日本化学会化学グランプリ・オリンピック委員会オリンピック小委員会監修;国際化学オリンピックOBOG会編集 朝倉書店 2019年5月

「国際化学オリンピックに挑戦! 5」日本化学会化学オリンピック支援委員会監修;日本化学会化学グランプリ・オリンピック委員会オリンピック小委員会監修;国際化学オリンピックOBOG会編集 朝倉書店 2019年5月

国際数学オリンピック

「大学入試数学不朽の名問100 : 大人のための"数学腕試し"」鈴木貫太郎著 講談社(ブルーバックス) 2021年4月

国際生物学オリンピック

「マンガ生物学に強くなる : 細胞、DNAから遺伝子工学まで」堂嶋大輔作;渡邊雄一郎監修 講談社(ブルーバックス) 2014年7月

社会科学

「希望のつくり方」玄田有史著 岩波書店(岩波新書新赤版) 2010年10月

「客観性の落とし穴」村上靖彦著 筑摩書房(ちくまプリマー新書) 2023年6月

国際関係の学問や教育を知る

「高校生からのゲーム理論」松井彰彦著 筑摩書房(ちくまプリマー新書) 2010年4月
「社会を究める―スタディサプリ三賢人の学問探究ノート：今を生きる学問の最前線読本；2」若新雄純著;水無田気流著;小川仁志著 ポプラ社 2020年3月
「世の中を知る、考える、変えていく：高校生からの社会科学講義」飯田高編;近藤絢子編;砂原庸介編;丸山里美編 有斐閣 2023年7月
「生命デザイン学入門」小川(西秋)葉子編著;太田邦史編著 岩波書店(岩波ジュニア新書) 2016年3月
「日本語の宿命：なぜ日本人は社会科学を理解できないのか」薬師院仁志著 光文社 2012年12月

シャドーイング

「外国語を話せるようになるしくみ：シャドーイングが言語習得を促進するメカニズム」門田修平編著 SBクリエイティブ 2018年5月

政治学

「あなたに伝えたい政治の話」三浦瑠麗著 文藝春秋(文春新書) 2018年10月
「政治的思考」杉田敦著 岩波書店(岩波新書新赤版) 2013年1月
「地政学入門：外交戦略の政治学 改版」曽村保信著 中央公論新社(中公新書) 2017年7月
「統計・確率思考で世の中のカラクリが分かる」高橋洋一著 光文社(光文社新書) 2011年10月
「崩れる政治を立て直す：21世紀の日本行政改革論―講談社現代新書」牧原出著 講談社 2018年9月

世界の教育

「パブリック・スクールと日本の名門校：なぜ彼らはトップであり続けるのか―平凡社新書」秦由美子著 平凡社 2018年3月
「子どもが教育を選ぶ時代へ」野本響子著 集英社(集英社新書) 2022年2月
「地球の子どもたちから、大人たちへの手紙―Rikuyosha Children & YA Books」アラン・セール構成・編;ローラン・コルヴェジエイラスト 六耀社 2017年11月

地域学

「地域学をはじめよう」山下祐介著 岩波書店(岩波ジュニア新書) 2020年12月

地政学

「13歳からの図解でなるほど地政学：世界の「これまで」と「これから」を読み解こう―コツがわかる本.ジュニアシリーズ」村山秀太郎 監修 メイツユニバーサルコンテンツ 2022年12月
「13歳からの地政学：カイゾクとの地球儀航海」田中孝幸 著 東洋経済新報社 2022年3月

国際関係の学問や教育を知る

「20歳の自分に教えたい地政学のきほん」池上彰；「池上彰のニュースそうだったのか!!」スタッフ著 SBクリエイティブ（SB新書）2023年5月

「90枚のイラストで世界がわかるはじめての地政学」いつかやる社長 著;ika イラスト 飛鳥新社 2022年11月

「AI時代の新・地政学」宮家邦彦著 新潮社（新潮新書）2018年9月

「シリア情勢：終わらない人道危機」青山弘之著 岩波書店（岩波新書新赤版）2017年3月

「教えて!池上彰さんどうして戦争はなくならないの？：地政学で見る世界. 1」池上彰監修;タカダカズヤ本文イラスト 小峰書店 2023年4月

「教えて!池上彰さんどうして戦争はなくならないの？：地政学で見る世界. 2」池上彰監修;タカダカズヤ本文イラスト 小峰書店 2023年4月

「教えて!池上彰さんどうして戦争はなくならないの？：地政学で見る世界. 3」池上彰監修;タカダカズヤ本文イラスト 小峰書店 2023年4月

「宗教の地政学」島田裕巳著 エムディエヌコーポレーション（MdN新書）2022年10月

「図解でわかる14歳からの地政学」鍛冶俊樹監修;インフォビジュアル研究所著 太田出版 2019年9月

「世界を読み解く!こどもと学ぶなるほど地政学—DIA Collection」神野正史監修 ダイアプレス 2023年1月

「地政学から戦争と平和を考える国際情勢と領土問題. [1]」国際地政学研究所監修 金の星社 2023年2月

「地政学から戦争と平和を考える国際情勢と領土問題. [2]」国際地政学研究所監修 金の星社 2023年3月

「地政学から戦争と平和を考える国際情勢と領土問題. [3]」国際地政学研究所監修 金の星社 2023年3月

「地政学入門：外交戦略の政治学 改版」曽村保信著 中央公論新社（中公新書）2017年7月

中国語

「漢字文化の世界」藤堂明保著 KADOKAWA（角川ソフィア文庫）2020年3月

「声に出してよむ漢詩の名作50：中国語と日本語で愉しむ—平凡社新書」荘魯迅著 平凡社 2013年11月

朝鮮語、韓国語

「韓国語をいかに学ぶか：日本語話者のために—平凡社新書」野間秀樹著 平凡社 2014年6月

「高校生からの韓国語入門」稲川右樹著 筑摩書房（ちくまプリマー新書）2021年2月

国際関係の学問や教育を知る

地理学

「SDGsは地理で学べ」宇野仙著 筑摩書房(ちくまプリマー新書) 2022年10月

ビジネス英語

「こんなとき英語でどう切り抜ける?―青春新書INTELLIGENCE」柴田真一著 青春出版社 2017年6月

「その英語、こう言いかえればササるのに!―青春新書INTELLIGENCE」関谷英里子著 青春出版社 2013年8月

「その英語、仕事の相手はカチンときます―青春新書INTELLIGENCE」デイビッド・セイン著 青春出版社 2013年6月

「英会話〈ネイティブ流〉使い回しの100単語:中学単語でここまで通じる!―青春新書INTELLIGENCE」デイビッド・セイン著 青春出版社 2018年11月

「英会話その単語じゃ人は動いてくれません―青春新書INTELLIGENCE」デイビッド・セイン著 青春出版社 2015年1月

法学、法律学

「裁判所ってどんなところ?:司法の仕組みがわかる本」森炎著 筑摩書房(ちくまプリマー新書) 2016年11月

翻訳

「英会話その"直訳"はネイティブを困らせます―青春新書INTELLIGENCE」デイビッド・セイン著 青春出版社 2019年12月

「英語で楽しむ寺田寅彦」寺田寅彦著;トム・ガリー著;松下貢著 岩波書店(岩波科学ライブラリー) 2013年2月

「英詩のこころ」福田昇八著 岩波書店(岩波ジュニア新書) 2014年1月

「英文読解を極める:「上級者の思考」を手に入れる5つのステップ」北村一真著 NHK出版(NHK出版新書) 2023年4月

「解釈につよくなるための英文50」行方昭夫著 岩波書店(岩波ジュニア新書) 2012年2月

「海を越える日本文学」張競著 筑摩書房(ちくまプリマー新書) 2010年12月

「創造するということ―中学生からの大学講義;続3」宇野重規著;東浩紀著;原研哉著;堀江敏幸著;稲葉振一郎著;柴田元幸著;中島義道著 筑摩書房(ちくまプリマー新書) 2018年10月

「読解力をきたえる英語名文30」行方昭夫著 岩波書店(岩波ジュニア新書) 2022年11月

「日本語の宿命:なぜ日本人は社会科学を理解できないのか」薬師院仁志著 光文社 2012年12月

「翻訳ってなんだろう？：あの名作を訳してみる」鴻巣友季子著 筑摩書房（ちくまプリマー新書）2018年6月

「翻訳教室：はじめの一歩」鴻巣友季子著 筑摩書房（ちくまプリマー新書）2012年7月

「名随筆で学ぶ英語表現：寺田寅彦in English」寺田寅彦原著;トム・ガリー著;松下貢著 岩波書店（岩波科学ライブラリー）2021年6月

民俗学

「みんなの民俗学：ヴァナキュラーってなんだ?─平凡社新書」島村恭則著 平凡社 2020年11月

「日本人はなぜそうしてしまうのか：お辞儀、胴上げ、拍手…の民俗学─青春新書INTELLIGENCE」新谷尚紀著 青春出版社 2012年10月

「遊動論：柳田国男と山人」柄谷行人著 文藝春秋（文春新書）2014年1月

リーディング

「英会話その勉強ではもったいない!─青春新書INTELLIGENCE」デイビッド・セイン著 青春出版社 2019年6月

リスニング

「英会話その勉強ではもったいない!─青春新書INTELLIGENCE」デイビッド・セイン著 青春出版社 2019年6月

「英語に好かれるとっておきの方法：4技能を身につける」横山カズ著 岩波書店（岩波ジュニア新書）2016年6月

「語源の音で聴きとる!英語リスニング」山並陞一著 文藝春秋（文春新書）2011年12月

「身につく英語のためのA to Z」行方昭夫著 岩波書店（岩波ジュニア新書）2014年8月

留学

「〈できること〉の見つけ方：全盲女子大生が手に入れた大切なもの」石田由香理著;西村幹子著 岩波書店（岩波ジュニア新書）2014年11月

「スポーツでひろげる国際理解 3」中西哲生監修 文溪堂 2018年2月

「わたしの外国語漂流記：未知なる言葉と格闘した25人の物語─14歳の世渡り術」河出書房新社編 河出書房新社 2020年2月

「音楽で生きる方法：高校生からの音大受験、留学、仕事と将来」相澤真一著;髙橋かおり著;坂本光太著;輪湖里奈著 青弓社 2020年11月

「高校生、とび出せ世界へ!：Multilingual Adventures：高校交換留学21カ国2,000人の体験から」言語交流研究所ヒッポ著 遊行社 2019年5月

「高校留学アドバイス」伊藤史子著 岩波書店（岩波ジュニア新書）2010年12月

国際関係の学問や教育を知る

「国境なき大学選び:日本の大学だけが大学じゃない!―ディスカヴァー携書」山本敬洋[著] ディスカヴァー・トゥエンティワン 2010年7月

「質問する、問い返す:主体的に学ぶということ」名古谷隆彦著 岩波書店(岩波ジュニア新書) 2017年5月

「少女のための海外の話」三砂ちづる著 ミツイパブリッシング 2020年8月

「大学生活の迷い方:女子寮ドタバタ日記」蒔田直子編著 岩波書店(岩波ジュニア新書) 2014年10月

「文系大学院生サバイバル―ディスカヴァー携書」岡﨑匡史[著] ディスカヴァー・トゥエンティワン 2013年12月

「理系のための研究生活ガイド:テーマの選び方から留学の手続きまで 第2版」坪田一男著 講談社(ブルーバックス) 2010年2月

留学生

「高校生、とび出せ世界へ!: Multilingual Adventures:高校交換留学21カ国2,000人の体験から」言語交流研究所ヒッポ著 遊行社 2019年5月

「私、日本に住んでいます」スベンドリニ・カクチ著 岩波書店(岩波ジュニア新書) 2017年10月

「少女のための海外の話」三砂ちづる著 ミツイパブリッシング 2020年8月

「中国人留学生教育の父松本亀次郎」石野茂子著 石野茂子 2018年9月

「東大留学生ディオンが見たニッポン」ディオン・ン・ジェ・ティン著 岩波書店(岩波ジュニア新書) 2017年4月

ロシア語

「ロシア語だけの青春―ちくま文庫」黒田龍之助著 筑摩書房 2023年6月

収録作品一覧（作者の字順→出版社の字順並び）

まんがクラスメイトは外国人 課題編 第2版／「外国につながる子どもたちの物語」編集委員会 編;みなみななみ まんが／明石書店／2022年4月

まんがクラスメイトは外国人 入門編（はじめて学ぶ多文化共生）／「外国につながる子どもたちの物語」編集委員会編;みなみななみまんが／明石書店／2013年6月

まんがクラスメイトは外国人 課題編／「外国につながる子どもたちの物語」編集委員会編;みなみななみまんが／明石書店／2020年2月

日米安保Q&A：「普天間問題」を考えるために／「世界」編集部編;水島朝穂著;古関彰一著;屋良朝博著;明田川融著;前泊博盛著;久江雅彦著;半田滋著／岩波書店（岩波ブックレット）／2010年9月

地名の世界地図 カラー新版／21世紀研究会編／文藝春秋（文春新書）／2020年9月

戦争するってどんなこと？―中学生の質問箱／C・ダグラス・ラミス著／平凡社／2014年7月

世界の家世界のくらし：SDGsにつながる国際理解1／ERIKO著／汐文社／2020年10月

世界の家世界のくらし：SDGsにつながる国際理解2／ERIKO著／汐文社／2021年1月

世界の家世界のくらし：SDGsにつながる国際理解3／ERIKO著／汐文社／2021年1月

せかいのトイレ：たのしくて、う〜んとタメになる！：教科書にはのっていない！せかいのふしぎ／ERIKO著;佐藤満春監修;寺崎愛イラスト／日本能率協会マネジメントセンター／2019年11月

ニニとマキ：未来の選択／Erina.M著／総合地球環境学研究所SRIREPPROJECT／2023年11月

海の向こうにかかる虹／hanachan文;beri.絵／鳥影社／2010年6月

宇宙のがっこう／JAXA宇宙教育センター監修;NHK出版編／NHK出版／2020年7月

宇宙をめざせ!科学実験大図鑑：JAXA×かいけつゾロリ：JAXA発の実験集！／JAXA宇宙教育センター著／ポプラ社／2023年3月

再生可能エネルギー図鑑―未来をつくる仕事がここにある／Looop監修;青山邦彦絵;日経BPコンサルティング編集／日経BP／2020年8月

気候：変動し続ける地球環境／Mark Maslin著;森島済訳／丸善出版／2016年6月

西洋天文学史／Michael Hoskin著;中村士訳／丸善出版／2013年5月

自分で見つける！社会の課題1／NHK「ドスルコスル」制作班編;田村学監修／NHK出版（NHKforSchoolドスルコスル）／2021年11月

NHK新歴史秘話ヒストリア：歴史にかくされた知られざる物語3／NHK「歴史秘話ヒストリア」制作班編／金の星社／2018年1月

NHK新歴史秘話ヒストリア：歴史にかくされた知られざる物語4／NHK「歴史秘話ヒストリア」制作班編／金の星社／2018年1月

あの日、僕らは戦場で：少年兵の告白：アニメドキュメント／NHKスペシャル制作班作／新日本出版社／2016年2月

HOPE：地球を守るために毎日みんなでできること／PenguinRandomHouseAustralia作;水野裕紀子訳／化学同人／2023年5月

ヒトと生き物の話：エコのとびらBIO／SAPIX環境教育センター 企画・編集／代々木ライブラリー／2022年7月

理科と社会に役立つエコのとびら4／SAPIX環境教育センター 企画・編集／代々木ライブラリー／2022年7月

理科と社会がぐっとすきになるエコのとびら3／SAPIX環境教育センター企画・編集／代々木ライブラリー／2021年7月

理科と社会の世界が広がるエコのとびら.5／SAPIX環境教育センター企画・編集／代々木ライブラリー／2023年7月

孫たちに語り伝える わたしの終戦：その日のこと―北摂の戦災；1／SAとよなか編／北摂叢書／2014年8月

SDGsを実現する2030年の仕事未来図 1巻／SDGsを実現する2030年の仕事未来図編集委員会著／文溪堂／2021年11月

SDGsを実現する2030年の仕事未来図 2巻／SDGsを実現する2030年の仕事未来図編集委員会著／文溪堂／2021年12月

SDGsを実現する2030年の仕事未来図 3巻／SDGsを実現する2030年の仕事未来図編集委員会著／文溪堂／2021年12月

SDGsを実現する2030年の仕事未来図 4巻／SDGsを実現する2030年の仕事未来図編集委員会著／文溪堂／2021年12月

アフリカゾウのなみだ／Shusui原案;佐々木一聡絵;RUI文／小学館／2015年10月

みんな地球に生きるひと Part4（わたしもぼくも地球人）／アグネス・チャン著／岩波書店（岩波ジュニア新書）／2014年7月

ナチ科学者を獲得せよ！：アメリカ極秘国家プロジェクトペーパークリップ作戦／アニー・ジェイコブセン著;加藤万里子訳／太田出版／2015年9月

ペンタゴンの頭脳：世界を動かす軍事科学機関DARPA／アニー・ジェイコブセン著;加藤万里子訳／太田出版／2017年4月

アメリカ超能力研究の真実：国家機密プログラムの全貌／アニー・ジェイコブセン著;加藤万里子訳／太田出版（ヒストリカル・スタディーズ）／2018年3月

エリア51：世界でもっとも有名な秘密基地の真実／アニー・ジェイコブセン著;田口俊樹訳／太田出版（ヒストリカル・スタディーズ）／2012年4月

母が作ってくれたすごろく：ジャワ島日本軍抑留所での子ども時代／アネ＝ルト・ウェルトハイム文;長山さき訳／徳間書店／2018年6月

地球からの警鐘：この子にきれいな海を返してください―SMART PUBLISHING／あべ童詩著／シーアンドアール研究所／2015年11月

開発と破壊：生活をこわされる子どもたち─続・世界の子どもたちは今／アムネスティ・インターナショナル日本編著／絵本塾出版／2013年1月

差別と人権：差別される子どもたち─続・世界の子どもたちは今／アムネスティ・インターナショナル日本編著／絵本塾出版／2013年2月

地球の子どもたちから、大人たちへの手紙―Rikuyosha Children & YA Books／アラン・セール構成・編;ローラン・コルヴェジエイラスト／六耀社／2017年11月

子どもの権利ってなあに？／アラン・セール文;オレリア・フロンティ絵;福井昌子訳;反差別国際運動監訳／解放出版社（エルくらぶ）／2020年12月

風の島へようこそ：くりかえしつかえるエネルギー／アラン・ドラモンドさく;まつむらゆりこやく／福音館書店／2012年2月

みどりの町をつくろう：災害をのりこえて未来をめざす／アランドラモンドさく;まつむらゆりこやく／福音館書店／2017年2月

14歳から考えたいレイシズム／アリ・ラッタンシ著;久保美代子訳／すばる舎／2021年6月

図解はじめて学ぶみんなの政治／アレックス・フリス文;ロージー・ホア文;ルイ・ストーウェル文;ケラン・ストーバーイラスト;ヒューゴ・ドローションオリジナル監修;ダニエル・ヴィーホフオリジナル監修;浜崎絵梨訳;国分良成監修／晶文社／2019年1月

世界の難民の子どもたち 1／アンディ・グリン作;難民を助ける会監修;いわたかよこ訳／ゆまに書房／2016年10月

世界の難民の子どもたち 2／アンディ・グリン作;難民を助ける会監修;いわたかよこ訳／ゆまに書房／2016年10月

世界の難民の子どもたち 3／アンディ・グリン作;難民を助ける会監修;いわたかよこ訳／ゆまに書房／2016年10月

世界の難民の子どもたち 4／アンディ・グリン作;難民を助ける会監修;いわたかよこ訳／ゆまに書房／2016年10月

世界の難民の子どもたち 5／アンディ・グリン作難民を助ける会監修;いわたかよこ訳／ゆまに書房／2016年10月

スパイ学：国際スパイになるために／アンディ・ブリッグス著;こどもくらぶ訳・編集／今人舎／2016年9月

十歳、ぼくは突然「敵」とよばれた：日系アメリカ人の政治家ノーマン・ミネタ／アンドレア・ウォーレン著;もりうちすみこ訳／汐文社／2019年12月

気候変動何がおこる?何ができる?／アンドレア・ミノリオ文;ラウラ・ファネッリ絵関口英子訳;江守正多日本語版監修／大月書店／2021年11月

君たちには話そう：かくされた戦争の歴史／いしいゆみ著／くもん出版／2015年7月

英語でおりがみ ＝ Let's try doing origami!：伝統あそびで国際交流!／いしかわまりこ作大門久美子編／汐文社／2019年2月

90枚のイラストで世界がわかるはじめての地政学／いつかやる社長 著;ika イラスト／飛鳥新社／2022年11月

アンチレイシスト・ベビー／イブラム・X・ケンディ作アシュリー・ルカシェフスキー絵;渡辺由佳里訳／合同出版／2021年1月

永遠平和のために／イマヌエル・カント著;池内紀訳／集英社／2015年6月

ロケット発射場の一日―講談社の創作絵本／いわた慎二郎作・絵／講談社／2017年7月

私を救ったオットー・ヴァイト：ナチスとたたかった真実の記録／インゲ・ドイチュクローン作藤村美織訳／汐文社／2016年2月

図解でわかる 14歳から知るごみゼロ社会／インフォビジュアル研究所 著／太田出版／2022年2月

図解でわかる 14歳から知る生物多様性／インフォビジュアル研究所 著／太田出版／2022年11月

図解でわかる 14歳から知る日本戦後政治史／インフォビジュアル研究所著／太田出版／2018年10月

図解でわかる 14歳からの水と環境問題／インフォビジュアル研究所著／太田出版／2020年4月

図解でわかる 14歳から知る気候変動／インフォビジュアル研究所著／太田出版／2020年8月

図解でわかる 14歳から考える資本主義／インフォビジュアル研究所著／太田出版／2020年11月

図解でわかる 14歳から知る食べ物と人類の1万年史／インフォビジュアル研究所著／太田出版／2021年1月

図解でわかる 14歳からの脱炭素社会／インフォビジュアル研究所著／太田出版／2021年5月

図解でわかる 14歳から知る影響と連鎖の全世界史／インフォビジュアル研究所著;大角修著／太田出版／2019年1月

グレタと立ち上がろう：気候変動の世界を救うための18章／ヴァレンティナ・ジャンネッラ著;マヌエラ・マラッツィイラスト;川野太郎訳／岩崎書店／2020年2月

グレタ・トゥーンベリ／ヴィヴィアナ・マッツァ著赤塚きょう子訳／金の星社／2020年4月

オマルとハッサン：4歳で難民になったぼくと弟の15年／ヴィクトリア・ジェミスン作オマル・モハメド原案;イマン・ゲディ彩色;中山弘子訳;滝澤三郎監修／合同出版／2021年5月

魂をゆさぶる歌に出会う：アメリカ黒人文化のルーツへ／ウェルズ恵子著／岩波書店（岩波ジュニア新書）／2014年2月

14歳から考えたいセクシュアリティ／ヴェロニク・モティエ 著;月沢李歌子 訳／すばる舎／2022年11月

気候変動はなぜ起こるのか：グレート・オーシャン・コンベヤーの発見／ウォーレス・ブロッカー著;川幡穂高訳;眞中卓也訳;大谷壮矢訳;伊左治雄太訳／講談社（ブルーバックス）／2013年12月

ハーレムの闘う本屋：ルイス・ミショーの生涯／ヴォーンダ・ミショー・ネルソン著;R・グレゴリー・クリスティイラスト;原田勝訳／あすなろ書房／2015年2月

食糧の帝国：食物が決定づけた文明の勃興と崩壊／エヴァン・D・G・フレイザー著;アンドリュー・リマス著;藤井美佐子訳／太田出版（ヒストリカル・スタディーズ）／2013年2月

ラストエンペラー習近平／エドワード・ルトワック著;奥山真司訳／文藝春秋（文春新書）／2021年7月

見てわかる!エネルギー革命：気候変動から再生可能エネルギー、カーボンニュートラルまで―子供の科学サイエンスブックスNEXT／エネルギー総合工学研究所 著／誠文堂新光社／2022年1月

グローバリズムが世界を滅ぼす／エマニュエル・トッド著;ハジュン・チャン著;柴山桂太著;中野剛志著;藤井聡著;堀茂樹著／文藝春秋（文春新書）／2014年6月

第三次世界大戦はもう始まっている／エマニュエル・トッド著;大野舞訳／文藝春秋（文春新書）／2022年6月

ジョン万次郎：二つのふるさとをあいした少年／エミリー・アーノルド・マッカリー作・絵;高嶋哲夫訳;高嶋桃子訳;近藤隆己訳／星湖舎／2012年11月

みんなの地球を守るには？／エリーズ・ルソー 文;ロベール 絵;服部雄一郎 訳／KTC中央出版／2022年6月

まだ誰も見たことのない「未来」の話をしよう／オードリー・タン語り;近藤弥生子執筆／SBクリエイティブ（SB新書）／2022年3月

語られなかったアメリカ史：オリバー・ストーンの告発 1／オリバー・ストーン著;ピーター・カズニック著;スーザン・キャンベル・バートレッティ編著;鳥見真生訳／あすなろ書房／2016年4月

語られなかったアメリカ史 3／オリバー・ストーン著;ピーター・カズニック著;鳥見真生訳／あすなろ書房／2020年3月

少女兵士ピチャ／かこさとこ文・絵／文芸社／2023年4月

ネルソン・マンデラ／カディール・ネルソン作・絵;さくまゆみこ訳／鈴木出版／2014年2月

トスカーナの赤い花／かとうはるよ作;廣瀬剛イラスト／ブックコム／2011年6月

航空部隊の戦う技術：空を制する者が戦場を制する／かのよしのり著／SBクリエイティブ／2017年6月

サンゴ礁のすがた―100の知識；第4期／カミラ・ド・ラ・ベドワイエール著;渡辺政隆日本語版監修／文研出版／2011年9月

ミッション・ウミガメ・レスキュー／カレン・ロマノ・ヤング著;田中直樹日本版企画監修;松沢慶将監修／ハーパーコリンズ・ジャパン（NATIONAL GEOGRAPHIC）／2019年6月

終わらない冬＝An Endless Winter：日本軍「慰安婦」被害者のはなし／カンジェスク文;イダム絵;ヤンユハ訳;都築寿美枝訳／日本機関紙出版センター／2015年8月

宇宙飛行士はどうやってウンチをするの？：宇宙への興味が無限に広がる雑学50／キッズトリビア倶楽部編;加藤のりこ絵／えほんの杜／2019年8月

日本人が言えそうで言えない英語表現650―青春新書INTELLIGENCE／キャサリン・A・クラフト著;里中哲彦編訳／青春出版社／2022年8月

ネイティブにスッと伝わる英語表現の言い換え700―青春新書INTELLIGENCE／キャサリン・A・クラフト著;里中哲彦編訳／青春出版社／2023年10月

ホロコーストを生きぬいた6人の子どもたち／キャス・シャックルトン 作・絵; ゼイン・ウィッティンガム 作・絵 ライアン・ジョーンズ 作・絵;石岡史子 訳／合同出版／2022年11月

ビアトリクス・ポター物語：ピーターラビットと自然を守った人／キャティ・ウーリー文;ジニー・スー絵;中井はるの訳;河野芳英監修／化学同人／2023年9月

北極点をめざした黒人探検家マシュー・ヘンソン／キャロル・ボストン・ウェザーフォード著;エリック・ヴェラスケス絵;渋谷弘子訳／汐文社／2013年11月

ゴードン・パークス／キャロル・ボストン・ウェザーフォード文;ジェイミー・クリストフ絵;越前敏弥訳／光村教育図書／2016年9月

ハリエットの道―リトルベル／キャロル・ボストン・ウェザフォード文;カディール・ネルソン絵;さくまゆみこ訳／日本キリスト教団出版局／2014年1月

チェ・キドン爺さんの話：愛の共同体コットンネ物語／クァク・ヨンウォン文・画;なかむらともたろう訳／聖母の騎士社／2012年8月

交響曲「第九」歓びよ未来へ！：板東俘虜収容所奇跡の物語／くすのきしげのり作;古山拓絵／PHP研究所／2018年4月

絵で旅する国境／クドル 文;ヘラン 絵;なかやまよしゆき 訳／文研出版／2022年11月

10代からの社会学図鑑／クリス・ユール著;クリストファー・ソープ著;ミーガン・トッド監修;田中真知訳／三省堂／2018年12月

最初の復活祭／クリスティーナ・カライ・ナギー絵;ベサン・ジェームズ文;サンパウロ訳／サンパウロ／2015年9月

天下分け目の戦い 関ケ原の合戦―戦国さがし絵／グループ・コロンブス編;森のくじら絵／文溪堂／2023年2月

群雄割拠!天下統一への道―戦国さがし絵／グループ・コロンブス編;森のくじら絵／文溪堂／2023年3月

ギネス世界記録 2019／クレイグ・グレンディ編;大木哲訳;海野佳南訳;片岡夏実訳;権田アスカ訳;藤村友子訳;會田真知子訳／角川アスキー総合研究所／2018年9月

なんみんってよばないで。／ケイト・ミルナーさく;こでらあつこやく／合同出版／2019年9月

「多様性」ってどんなこと? 1／こどもくらぶ 編／岩崎書店／2022年12月

世界の終わりのものがたり：そして未来へ 3 (文化の終わりとものがたりの終わり)／こどもくらぶ編／WAVE出版／2013年3月

みんなの命と生活をささえるインフラってなに? 4／こどもくらぶ編／筑摩書房／2017年11月

理系の職場. 6／こどもくらぶ編／同友館／2023年8月

町工場の底力 2 (ロケットを飛ばす)／こどもくらぶ編さん／かもがわ出版／2013年10月

日本の環境技術―世界にはばたく日本力／こどもくらぶ編さん／ほるぷ出版／2011年2月

日本の国際協力―世界にはばたく日本力／こどもくらぶ編さん／ほるぷ出版／2011年11月

世界の外あそび学じてん／こどもくらぶ編さん／今人舎／2019年5月

みんなでかんがえよう!生物多様性と地球環境 3 (世界の多様な生きものと環境)／コンサベーション・インターナショナル編;田多浩美文／岩崎書店／2010年10月

まんが平和をねがい続けた画家加納莞蕾／さいわい徹脚本・画;加納佳世子監修／加納美術振興財団／2018年5月

未来につながるよみきかせSDGsのお話 17／ささきあり作秋山宏次郎監修／西東社／2023年6月

ボランティアをやりたい!：高校生ボランティア・アワードに集まれ／さだまさし編／風に立つライオン基金編／岩波書店 (岩波ジュニア新書)／2019年12月

支える、支えられる、支え合う／サヘル・ローズ編著／岩波書店 (岩波ジュニアスタートブックス)／2021年11月

子どもの権利宣言：ビジュアル版／シェーヌ出版社編;遠藤ゆかり訳／創元社／2018年10月

男の子は強くなきゃだめ?／ジェシカ・サンダーズ 文;ロビー・キャスロ 絵;西田佳子 訳／すばる舎／2022年4月

ぼくが5歳の子ども兵士だったとき：内戦のコンゴで／ジェシカ・ディー・ハンフリーズ作;ミシェル・チクワニネ作;クローディア・ダビラ絵;渋谷弘子訳／汐文社／2015年7月

目で見るSDGs時代の生物多様性／ジェス・フレンチ 著;片神貴子 訳／さ・え・ら書房／2022年10月

目で見るSDGs時代の環境問題／ジェス・フレンチ著;大塚道子訳／さ・え・ら書房／2020年3月

さらわれたチンパンジー――野生どうぶつを救え!本当にあった涙の物語／ジェス・フレンチ著;嶋田香訳／KADOKAWA／2017年7月

さらわれたチンパンジー 愛蔵版―野生どうぶつを救え!本当にあった涙の物語／ジェス・フレンチ著;嶋田香訳／KADOKAWA／2017年9月

海について知っておくべき100のこと―インフォグラフィックスで学ぶ楽しいサイエンス／ジェローム・マーティン文ほか文;ドミニク・ビロンイラストほかイラスト;竹内薫訳・監修／小学館／2021年8月

海に帰れないイルカ―野生どうぶつを救え!本当にあった涙の物語／ジニー・ジョンソン著;嶋田香訳／KADOKAWA／2017年3月

海に帰れないイルカ 愛蔵版―野生どうぶつを救え!本当にあった涙の物語／ジニー・ジョンソン著;嶋田香訳／KADOKAWA／2017年6月

ぼくが見た戦争：1945年夏／しまだゆきお文秋元なおと絵／文芸社／2016年8月

世界の国旗 ＝An Encyclopedia of The World Flags and Countries：国旗・海外領土旗の意味、国の成り立ちがわかる!：親子で学べる!楽しめる!／シャスタインターナショナル編;国際政治文化研究会監修／シャスタインターナショナル／2016年1月

マララとイクバル：パキスタンのゆうかんな子どもたち／ジャネット・ウィンターさく;道傳愛子やく／岩崎書店／2015年3月

みんなで平等をつくる：わたしたちの声がとどけば、世界はきっとかわるよ―アクティビストあつまれ！／シャノン・ウェバー 文;ジェイド・オーランド 絵;寺西のぶ子 訳／亜紀書房／2022年2月

フランス料理の歴史／ジャン=ピエール・プーラン著;エドモン・ネランク著;山内秀文訳・解説／KADOKAWA（角川ソフィア文庫）／2017年3月

プラスチック・プラネット：今、プラスチックが地球をおおっている：明日からプラスチックゴミをなくそう―評論社の児童図書館・絵本の部屋／ジョージア・アムソン=ブラッドショー作;大山泉訳／評論社／2019年7月

永遠の化学物質（フォーエバー・ケミカル）水のPFAS汚染／ジョン・ミッチェル著;小泉昭夫著;島袋夏子著;阿部小涼訳／岩波書店／2020年8月

印象派の歴史 下／ジョン・リウォルド著;三浦篤訳;坂上桂子訳／KADOKAWA（角川ソフィア文庫）／2019年8月

印象派の歴史 上／ジョン・リウォルド著;三浦篤訳;坂上桂子訳／KADOKAWA（角川ソフィア文庫）／2019年8月

ぼくらは壁を飛びこえて：サーカスでつながる人種・民族・宗教／シンシア・レヴィンソン著;金原瑞人訳／文溪堂／2016年12月

イクバルと仲間たち：児童労働にたちむかった人々―ノンフィクション・Books／スーザン・クークリン著;長野徹訳;赤塚きょう子訳／小峰書店／2012年9月

メチのいた島：語り伝える恵み豊かな島竹島／すぎはらゆみこ文;かみなかおさむ絵;山陰中央新報社編／山陰中央新報社／2014年2月

HAVE PRIDE：生きる!愛する!LGBTQ+の2300年の歴史／ステラ・A・コールドウェル 著;スー・サンダース アドバイザー;櫛田理絵 訳／合同出版／2022年9月

私、日本に住んでいます／スベンドリニ・カクチ著／岩波書店（岩波ジュニア新書）／2017年10月

私、日本に住んでいます／スベンドリニ・カクチ著／岩波書店（岩波ジュニア新書）／2017年10月

ズラータ、16歳の日記：ウクライナから来た少女／ズラータ・イヴァシコワ 文・絵／世界文化ブックス／2022年10月

伝記世界の思想家から学ぶ：未来を生きる道しるべ 5／スリーシーズン編／清水書院／2019年8月

今、世界はあぶないのか?難民と移民―評論社の児童図書館・絵本の部屋／セリ・ロバーツ文;ハナネ・カイ絵;大山泉訳／評論社／2017年10月

セリト、どうみえる？＝Serito,what do you see？：セリトの願いは地球を救うこと／ソイラ・ゴンサレス・ベネガス原作・絵;タケシタナカ文／今人舎／2019年2月

非暴力の人物伝 1／たからしげる著;堀切リエ著／大月書店／2018年7月

非暴力の人物伝 2／たからしげる文;堀切リエ文／大月書店／2018年8月

消えたレッサーパンダを追え！：警視庁「生きもの係」事件簿／たけたにちほみ文;西脇せいご絵／学研プラス（環境ノンフィクション）／2020年10月

28 DAYS：運命をかえた黒人たちすべては夢のために／チャールズ・R・スミス・ジュニア作;シェーン・W・エヴァンス絵;北川静江訳／バベルプレス／2017年1月

東大留学生ディオンが見たニッポン／ディオン・ン・ジェ・ティン著／岩波書店（岩波ジュニア新書）／2017年4月

感染爆発：見えざる敵＝ウイルスに挑む 改訂／デイビッド・ゲッツ著;西村秀一訳;ピーター・マッカーティ一画／金の星社／2020年7月

中学英語で日本を紹介する本―14歳の世渡り術／デイビッド・セイン著／河出書房新社／2017年2月

英語、苦手かも…?と思ったときに読む本―14歳の世渡り術／デイビッド・セイン著／河出書房新社／2019年11月

その英語、仕事の相手はカチンときます―青春新書INTELLIGENCE／デイビッド・セイン著／青春出版社／2013年6月

英会話その単語じゃ人は動いてくれません―青春新書INTELLIGENCE／デイビッド・セイン著／青春出版社／2015年1月

中学の単語ですぐに話せる!英会話1000フレーズ―青春新書INTELLIGENCE／デイビッド・セイン著／青春出版社／2018年6月

英会話(ネイティブ流)使い回しの100単語：中学単語でここまで通じる!―青春新書INTELLIGENCE／デイビッド・セイン著／青春出版社／2018年11月

英会話その勉強ではもったいない!―青春新書INTELLIGENCE／デイビッド・セイン著／青春出版社／2019年6月

英会話その"直訳"はネイティブを困らせます―青春新書INTELLIGENCE／デイビッド・セイン著／青春出版社／2019年12月

英会話ネイティブの1行フレーズ2500：これ一冊で日常生活まるごとOK!―青春新書INTELLIGENCE／デイビッド・セイン著／青春出版社／2020年3月

英会話言わなきゃよかったこの単語―青春新書INTELLIGENCE／デイビッド・セイン著／青春出版社／2021年1月

ネイティブに伝わる「シンプル英作文」／デイビッド・セイン著;森田修著／筑摩書房（ちくまプリマー新書）／2013年3月

はじめてのフェミニズム／デボラ・キャメロン著;向井和美訳／筑摩書房（ちくまプリマー新書）／2023年9月

わたしのこころ：平和と命の大切さ／てるいももよさく;サトウ一芳美え／文芸社／2018年12月

ちいさなフェミニスト宣言：女の子らしさ、男の子らしさのその先へ／デルフィーヌ・ボーヴォワ文;クレール・カンテ絵;新行内美和訳／現代書館／2020年1月

わたしたちの権利の物語.[2]／トビー・ニューサム絵;杉木志帆日本語版監修／文研出版／2023年1月

プチ革命言葉の森を育てよう／ドリアン助川著／岩波書店（岩波ジュニア新書）／2014年7月

再生可能エネルギーの大研究：自然の力を生かす!：太陽光から風力・バイオマスまで／どりむ社編;中谷内政之監修／PHP研究所／2010年6月

教養として学んでおきたい太平洋戦争／ドントテルミー荒井著／マイナビ出版（マイナビ新書）／2022年7月

大人になるまでに読みたい15歳の短歌・俳句・川柳3／なかはられいこ編／ゆまに書房／2016年3月

「争い」入門／ニキー・ウォーカー著;高月園子訳／亜紀書房／2023年2月

どうして肌の色が問題になるの?／ニケシュ・シュクラ著;クレア・フーチャン著;大嶋野々花訳／創元社（国際化の時代に生きるためのQ&A）／2018年12月

すごいぞ!!重機大集合2（パワーショベル・解体機・ホイールローダーほか）／ニシ工芸株式会社作／汐文社／2014年10月

クスクスの謎：人と人をつなげる粒パスタの魅力―平凡社新書／にむらじゅんこ著／平凡社／2012年1月

いま、〈平和〉を本気で語るには：命・自由・歴史／ノーマ・フィールド著／岩波書店（岩波ブックレット）／2018年12月

スイレンの花のように：平和をつなぐカンボジアの踊り子／パスカル・ルメートル作・絵;たかのゆう監訳;長井佑美訳／汐文社／2019年1月

ミサってなあに／パトリシア・エドワード・ジャブロンスキー文;メアリー・エリザベス・テボ文;マーニー・ギャラガー・コール絵;女子パウロ会訳／女子パウロ会／2019年5月

パックンのAre you a 国際人?／パトリック・ハーラン著／毎日新聞社／2013年3月

英語と日本語で読んでみよう世界に勇気と希望をくれたメッセージ2／パトリック・ハーラン著・監修;稲葉茂勝編／岩崎書店／2020年11月

バナの戦争：ツイートで世界を変えた7歳少女の物語／バナ・アベド著;金井真弓訳／飛鳥新社／2017年12月

ネルソン・マンデラ：自由へのたたかい―ポプラ社ノンフィクション／パム・ポラック著;メグ・ベルヴィソ著;伊藤菜摘子訳／ポプラ社／2014年4月

- マリアンは歌う：マリアン・アンダーソン100年に一度の歌声／パム・ムニョス・ライアン文;ブライアン・セルズニック絵;もりうちすみこ訳／光村教育図書／2013年1月
- きみに聞いてほしい：広島に来た大統領／バラク・オバマ述;池上彰訳;葉祥明画／リンダパブリッシャーズ／2016年12月
- 言語の力：「思考・価値観・感情」なぜ新しい言語を持つと世界が変わるのか?／ビオリカ・マリアン著;今井むつみ監訳・解説;桜田直美訳／KADOKAWA／2023年12月
- 人類の夢をかなえた飛行機の本―乗りもの歴史図鑑／ヒサクニヒコ絵・文／子どもの未来社／2023年12月
- バルトーク＝Bart?k B?la―音楽家の伝記：はじめに読む1冊／ひのまどか 著／ヤマハミュージックエンタテインメントホールディングスミュージックメディア部／2022年4月
- ファニー13歳の指揮官／ファニー・ベン＝アミ著;ガリラ・ロンフェデル・アミット編;伏見操訳／岩波書店／2017年8月
- 14歳から考えたい貧困／フィリップ・N・ジェファーソン著;神林邦明訳／すばる舎／2021年12月
- ナチスに挑戦した少年たち／フィリップ・フーズ作;金原瑞人訳／小学館／2018年7月
- SDGsの教科書：10代からの地球の守り方／フジテレビCSR・SDGs推進プロジェクト 編;池上彰 ほか執筆／誠文堂新光社／2022年3月
- 命を救う心を救う：途上国医療に人生をかける小児外科医「ジャパンハート」吉岡秀人／ふじもとみさと文／佼成出版社／2021年11月
- 世界の女性問題 1(貧困、教育、保健)／プラン・ジャパン監修;関橋眞理著／汐文社／2013年10月
- 哲学のおやつ戦争と平和：10代からの考えるレッスン／ブリジット・ラベ;シェル・ピュエシュ著;西川葉澄訳／汐文社／2010年12月
- この人を見よ!歴史をつくった人びと伝 26(マーティン・ルーサー・キング)／プロジェクト新・偉人伝著作・編集／ポプラ社／2010年1月
- Q&A(エー)式しらべる野球 4(世界の野球事情)／ベースボール・マガジン社編／ベースボール・マガジン社／2010年3月
- 14歳から考えたいアメリカの奴隷制度／ヘザー・アンドレア・ウィリアムズ 著;月沢李歌子 訳／すばる舎／2022年2月
- わたしにまかせて!：アポロ13号をすくった数学者キャサリン・ジョンソン／ヘレーン・ベッカー文;ダウ・プミラク絵;さくまゆみこ訳／子どもの未来社／2023年11月
- エヴァンジェリカルズ：アメリカ外交を動かすキリスト教福音主義／マーク・R・アムスタッツ著;加藤万里子訳／太田出版（ヒストリカル・スタディーズ）／2014年11月
- キャパとゲルダ：ふたりの戦場カメラマン／マーク・アロンソン著;マリナ・ブドーズ著;原田勝訳／あすなろ書房／2019年9月
- 実践日本人の英語／マーク・ピーターセン著／岩波書店（岩波新書新赤版）／2013年4月
- 戦場の秘密図書館：シリアに残された希望／マイク・トムソン著;小国綾子編訳／文溪堂／2019年12月
- ネイマール＝Neymar：ピッチでくりだす魔法―ポプラ社ノンフィクション／マイケル・パート著;樋渡正人訳／ポプラ社／2014年11月
- バロテッリ＝Balotelli：黒い肌のイタリア人エース―ポプラ社ノンフィクション／マイケル・パート著;樋渡正人訳／ポプラ社／2015年9月
- 移民や難民ってだれのこと?／マイケル・ローゼン著;アンネマリー・ヤング著;小島亜佳莉訳／創元社（国際化の時代に生きるためのQ&A）／2018年9月
- マーティン・ルーサー・キング・ジュニア―小さなひとりの大きなゆめ／マリア・イサベル・サンチェス・ベガラ文;マイ・リー・デグナン絵;原田勝訳／ほるぷ出版／2021年2月
- 両手を奪われても：シエラレオネの少女マリアトゥ／マリアトゥ・カマラ共著;スーザン・マクリーランド共著;村上利佳訳／汐文社／2012年12月
- 今、世界はあぶないのか?文化と多様性―評論社の児童図書館・絵本の部屋／マリー・マーレイ文;ハナネ・カイ絵;大山泉訳／評論社／2020年10月

ウーマン・イン・バトル：自由・平等・シスターフッド！／マルタ・ブレーン文;イェニー・ヨルダル絵;枇谷玲子訳／合同出版／2019 年 7 月

ようこそ！わたしの町へ：家をはなれてきた人たちと:あなたの町から世界を変えよう／ミアリー・ホワイトヒル 文;ジェニファー・ジャクソン 文;ノマー・ペレズ 絵;上田勢子 訳;堀切リエ 訳／子どもの未来社／2022 年 8 月

プラスチック・スープの地球：汚染される「水の惑星」／ミヒル・ロスカム・アビング著;藤原幸一監訳／ポプラ社／2019 年 11 月

なぜ世界には戦争があるんだろう。どうして人はあらそうの？─10 代の哲学さんぽ；3／ミリアム・ルヴォー・ダロンヌ文;ジョシェン・ギャルネール絵;伏見操訳／岩崎書店／2011 年 4 月

むのたけじ 100 歳のジャーナリストからきみへ 平和（戦争は母親と子どもをもっとも苦しめて悲しませる。）／むのたけじ著;菅聖子著／汐文社／2015 年 7 月

アルパカ・キングのロッキー／メアリー・C.キング原作;リンゼイ・R.アナン写真;真理絵・コパ文／本の森／2010 年 8 月

地球の動物を守れ―マジック・ツリーハウス探険ガイド／メアリー・ポープ・オズボーン著;ナタリー・ポープ・ボイス著;高畑智子訳／メディアファクトリー／2013 年 6 月

アンネのこと、すべて：アンネの人生のこと、これまで寄せられたたくさんの質問とその答えを、ここにお伝えします／メノー・メッツェラー著;ピット・ファン・レダン著;アンネ・フランク・ハウス編;ハック・スキャリー画;小林エリカ訳;石岡史子日本語版監修／ポプラ社／2018 年 11 月

もんじゅ君とみる！よむ！わかる！みんなの未来のエネルギー／もんじゅ君著;飯田哲也監修／河出書房新社／2012 年 7 月

イスラエルとは何か―平凡社新書／ヤコヴ・M.ラブキン著;菅野賢治訳／平凡社／2012 年 6 月

パスタぎらい／ヤマザキマリ著／新潮社（新潮新書）／2019 年 4 月

地球は人間だけのものじゃない／やまもとよしあき著／青山ライフ出版／2018 年 8 月

「ノーモアヒロシマ」伝えていこう！平和：広島平和学習に行く前に読む本／ユニプラン編集部編／ユニプラン／2020 年 8 月

地球で暮らすきみたちに知ってほしい 50 のこと／ラース・ヘンリク・オーゴード著;シモン・ヴェスイラストレーション;枇谷玲子訳／晶文社／2021 年 8 月

ソンジュの見た星：路上で生きぬいた少年／リソンジュ著;スーザン・マクレランド著;野沢佳織訳／徳間書店／2019 年 5 月

ヨーロッパの古城／リチャード・プラット文;スティーブン・ビースティー画;赤尾秀子訳／あすなろ書房（輪切り図鑑クロスセクション）／2020 年 12 月

111 本の木／リナ・シン文;マリアンヌ・フェラー絵;こだまともこ訳／光村教育図書／2021 年 1 月

セルマの行進：リンダ十四歳投票権を求めた戦い／リンダ・ブラックモン・ロワリー原作;エルズペス・リーコック原作;スーザン・バックリー原作;PJ ローラン絵;渋谷弘子訳／汐文社／2015 年 7 月

歴史を変えた 50 人の女性アスリートたち／レイチェル・イグノトフスキー著;野中モモ訳／創元社／2019 年 4 月

世界遺産を救え！／レオ・ホプキンソン 著;武井摩利 訳／創元社／2022 年 7 月

データでわかる世界と日本のエネルギー大転換／レスター・R.ブラウン著;枝廣淳子著／岩波書店（岩波ブックレット）／2016 年 1 月

わたしは女の子だから：世界を変える夢をあきらめない子どもたち／ローズマリー・マカーニー文;ジェン・オールバー文;プラン・インターナショナル文;西田佳子訳／西村書店東京出版編集部／2019 年 3 月

マララさんこんにちは：世界でいちばん勇敢な少女へ／ローズマリー・マカーニー文;西田佳子訳／西村書店東京出版編集部／2014 年 11 月

私はどこで生きていけばいいの？／ローズマリー・マカーニー文;西田佳子訳／西村書店東京出版編集部（世界に生きる子どもたち）／2018 年 6 月

ナパーム空爆史：日本人をもっとも多く殺した兵器／ロバート・M・ニーア著;田口俊樹訳／太田出版（ヒストリカル・スタディーズ）／2016 年 3 月

外国人が教えてくれた!私が感動したニッポンの文化:子どもたちに伝えたい!仕事に学んだ日本の心 第3巻 (人と人とをつなぐ「人」!ニッポン社会で大活躍)／ロバートキャンベル監修／日本図書センター／2015年2月

いのちのバトンをつなぎたい:世界の子どもの3人に1人は栄養不良／ワールド・ビジョン・ジャパン 編著／合同出版／2022年4月

天下統一めざせ!日本史クイズマスター歴史クイズ2(安土桃山時代～現代)／ワン・ステップ編／金の星社／2010年3月

自然保護クイズ―地球を守れめざせ!エコクイズマスター／ワン・ステップ編／金の星社／2011年3月

INORI／綾野まさる著／佐々木雅弘監修／ハート出版／2010年12月

語りつごうヒロシマ・ナガサキ:シリーズ戦争4(核兵器とはどういうものか)／安斎育郎文・監修／新日本出版社／2015年3月

語りつごう沖縄:シリーズ戦争1／安斎育郎文・監修／新日本出版社／2018年12月

語りつごう沖縄:シリーズ戦争4／安斎育郎文・監修;普天間朝佳文・監修／新日本出版社／2019年4月

《自粛社会》をのりこえる:「慰安婦」写真展中止事件と「表現の自由」／安世鴻編;李春熙編;岡本有佳編／岩波書店(岩波ブックレット)／2017年9月

隣人のあなた:「移民社会」日本でいま起きていること／安田菜津紀著／岩波書店(岩波ブックレット)／2022年11月

写真で伝える仕事:世界の子どもたちと向き合って／安田菜津紀著／日本写真企画／2017年3月

故郷の味は海をこえて:「難民」として日本に生きる―平和／安田菜津紀著・写真／ポプラ社(ポプラ社ノンフィクション)／2019年11月

小村寿太郎:列強と肩をならべた近代日本の外交官-よんでしらべて時代がわかるミネルヴァ日本歴史人物伝／安田常雄監修;西本鶏介文;荒賀賢二絵／ミネルヴァ書房／2013年3月

13歳の少女が見た沖縄戦:学徒出陣、生き残りの私が語る真実／安田未知子著／WAVE出版／2015年6月

再生可能エネルギーをもっと知ろう2／安田陽監修／岩崎書店／2021年3月

再生可能エネルギーをもっと知ろう1／安田陽監修／岩崎書店／2021年4月

再生可能エネルギーをもっと知ろう3／安田陽監修／岩崎書店／2021年4月

やさしい英語のことわざ:このことわざ、英語でどう言うの? 1／安藤邦男編集委員;萱忠義編集委員;CuongHuynh編集委員;JamesWang編集委員／くもん出版／2018年1月

やさしい日本語:多文化共生社会へ／庵功雄著／岩波書店(岩波新書新赤版)／2016年8月

「科学技術大国」中国の真実／伊佐進一著／講談社／2010年10月

国際貢献のウソ／伊勢崎賢治／筑摩書房(ちくまプリマー新書)／2010年8月

世界の人びとに聞いた100通りの平和 シリーズ2／伊勢﨑賢治監修／かもがわ出版／2015年11月

世界の人びとに聞いた100通りの平和 シリーズ4／伊勢﨑賢治監修／かもがわ出版／2016年3月

SDGsで見る現代の戦争:知って調べて考える／伊勢﨑賢治監修;関正雄SDGs監修／学研プラス／2021年9月

世界の人びとに聞いた100通りの平和 シリーズ1(中東編)／伊勢﨑賢治監修;艸場よしみ著;八木絹著／かもがわ出版／2015年10月

本当の戦争の話をしよう:世界の「対立」を仕切る／伊勢﨑賢治著／朝日出版社／2015年1月

月別カレンダーで1からわかる!日本の政治／伊藤賀一監修／小峰書店／2021年12月

高校留学アドバイス／伊藤史子著／岩波書店(岩波ジュニア新書)／2010年12月

たのしく読める世界のすごい歴史人物伝／伊藤純郎監修／高橋書店／2017年6月

日本国憲法ってなに? 3／伊藤真著／新日本出版社／2017年7月

空から宝ものが降ってきた!:雪の力で未来をひらく／伊藤親臣著／旬報社／2016年2月

日本経済はなぜ衰退したのか:再生への道を探る―平凡社新書／伊藤誠著／平凡社／2013年4月

経済学からなにを学ぶか:その500年の歩み―平凡社新書／伊藤誠著／平凡社／2015年3月

ランキングマップ世界地理:統計を地図にしてみよう／伊藤智章著／筑摩書房(ちくまプリマー新書)／

2023年9月
人権は国境を越えて／伊藤和子著／岩波書店（岩波ジュニア新書）／2013年10月
外交プロに学ぶ修羅場の交渉術／伊奈久喜著／新潮社（新潮新書）／2012年11月
食べものが足りない！：食料危機問題がわかる本／井出留美 著;手塚雅恵 絵／旬報社／2022年1月
食品ロスをなくそう！―SDGs地球のためにできること；1／井出留美監修／国土社／2023年6月
食品ロス：持続的な社会を考えよう．[1]／井出留美監修;スタジオダンク編・著／金の星社／2023年2月
食品ロス：持続的な社会を考えよう．[2]／井出留美監修;スタジオダンク編・著／金の星社／2023年3月
食品ロス：持続的な社会を考えよう．[3]／井出留美監修;スタジオダンク編・著／金の星社／2023年3月
捨てないパン屋の挑戦しあわせのレシピ：SDGsノンフィクション食品ロス／井出留美著／あかね書房／2021年8月
SDGs時代の食べ方：世界が飢えるのはなぜ？／井出留美著／筑摩書房（ちくまQブックス）／2021年10月
はじめての昭和史／井上寿一著／筑摩書房（ちくまプリマー新書）／2020年8月
世界のすてきな先生と教え子たち 1 (太平洋の島国と東・東南・中央アジア諸国)／井上直也写真・文／国土社／2015年6月
絵本画家天才たちが描いた妖精＝FAIRY WORLD OF ARTISTIC GENIUSES／井村君江著／中経出版（ビジュアル選書）／2013年5月
人類を幸せにする国・日本／井沢元彦著／祥伝社（祥伝社新書）／2010年11月
世界を動かす聖者たち：グローバル時代のカリスマ―平凡社新書／井田克征著／平凡社／2014年3月
世界の国ぐに大冒険：オリンピック登録国・地域に完全対応／井田仁康監修／PHPエディターズ・グループ／2017年9月
もっと調べる世界と日本のつながり 3／井田仁康監修／岩崎書店／2020年1月
もっと調べる世界と日本のつながり 1／井田仁康監修／岩崎書店／2020年3月
もっと調べる世界と日本のつながり 2／井田仁康監修／岩崎書店／2020年3月
もっと調べる世界と日本のつながり 4／井田仁康監修／岩崎書店／2020年3月
もっと調べる世界と日本のつながり 5／井田仁康監修／岩崎書店／2020年3月
有害化学物質の話：農薬からプラスチックまで／井田徹治著／PHP研究所／2013年10月
追いつめられる海／井田徹治著／岩波書店（岩波科学ライブラリー）／2020年4月
生物多様性とは何か／井田徹治著／岩波書店（岩波新書赤版）／2010年6月
環境負債：次世代にこれ以上ツケを回さないために／井田徹治著／筑摩書房（ちくまプリマー新書）／2012年5月
一陽来復：中国古典に四季を味わう―岩波現代文庫／井波律子著／岩波書店／2023年10月
ウォーズ・オブ・ジャパン＝WARS OF JAPAN：日本のいくさと戦争／磯田道史監修;宮永忠将文;大河原一樹ほか画／偕成社／2015年3月
高校生からの韓国語入門／稲川右樹著／筑摩書房（ちくまプリマー新書）／2021年2月
水滸伝に学ぶ組織のオキテ―平凡社新書／稲田和浩著／平凡社／2018年4月
未来をつくる!あたらしい平和学習 5／稲葉 茂勝 著;中満 泉 監修／岩崎書店／2022年2月
国連ファミリー・パーフェクトガイド：SDGsがより深くわかる！：しくみと役割／稲葉茂勝 著;鎌田靖 監修／新日本出版社／2022年1月
未来をつくる!あたらしい平和学習 1／稲葉茂勝 著;大芝亮 読み手／岩崎書店／2022年1月
世界の文字の書き方・書道 1 (世界のアルファベットとカリグラフィー)／稲葉茂勝著;こどもくらぶ編／彩流社／2015年7月
世界の文字の書き方・書道 2 (世界の文字と書き方・アラビア書道)／稲葉茂勝著;こどもくらぶ編／彩流社／2015年9月
世界の文字の書き方・書道 3 (漢字文化圏のいろいろな書道)／稲葉茂勝著;こどもくらぶ編／彩流社／2015年11月
狙われた国と地域．1／稲葉茂勝著;松竹伸幸監修／あすなろ書房／2023年8月

狙われた国と地域.2／稲葉茂勝著;松竹伸幸監修／あすなろ書房／2023年11月
狙われた国と地域.3／稲葉茂勝著;松竹伸幸監修／あすなろ書房／2023年12月
シリーズ・貧困を考える 1／稲葉茂勝著;池上彰監修／ミネルヴァ書房／2017年1月
「戦争」と「平和」をあらわす世界の言葉／稲葉茂勝著;池上彰監修／今人舎／2017年9月
食卓からSDGsをかんがえよう!1／稲葉茂勝著;服部幸應監修;こどもくらぶ編／岩崎書店／2020年12月
食卓からSDGsをかんがえよう!3／稲葉茂勝著;服部幸應監修;こどもくらぶ編／岩崎書店／2021年1月
食卓からSDGsをかんがえよう!2／稲葉茂勝著;服部幸應監修;こどもくらぶ編／岩崎書店／2021年2月
池上彰のニュースに登場する世界の環境問題 7(人口問題)／稲葉茂勝訳・文;キャサリン・チャンバーズ原著;池上彰監修／さ・え・ら書房／2011年2月
池上彰のニュースに登場する世界の環境問題 8(貧困)／稲葉茂勝訳・文;キャサリン・チャンバーズ原著;池上彰監修／さ・え・ら書房／2011年3月
池上彰のニュースに登場する世界の環境問題 2(水)／稲葉茂勝訳・文;サラ・レベーテ原著;池上彰監修／さ・え・ら書房／2010年4月
池上彰のニュースに登場する世界の環境問題 3(食糧)／稲葉茂勝訳・文;サラ・レベーテ原著;池上彰監修／さ・え・ら書房／2010年4月
池上彰のニュースに登場する世界の環境問題 5(健康・病気)／稲葉茂勝訳・文;サラ・レベーテ原著;池上彰監修／さ・え・ら書房／2010年4月
世界を動かす「宗教」と「思想」が2時間でわかる―青春新書INTELLIGENCE／蔭山克秀著／青春出版社／2016年5月
ひらめき!英語迷言教室:ジョークのオチを考えよう／右田邦雄著／岩波書店(岩波ジュニア新書)／2022年5月
農は過去と未来をつなぐ:田んぼから考えたこと／宇根豊著／岩波書店(岩波ジュニア新書)／2010年8月
日本人にとって自然とはなにか／宇根豊著／筑摩書房(ちくまプリマー新書)／2019年7月
気候崩壊:次世代とともに考える／宇佐美誠著／岩波書店(岩波ブックレット)／2021年6月
私たちと戦後責任:日本の歴史認識を問う／宇田川幸大著／岩波書店(岩波ブックレット)／2023年2月
創造するということ―中学生からの大学講義;続3／宇野重規著;東浩紀著;原研哉著;堀江敏幸著;稲葉振一郎著;柴田元幸著;中島義道著／筑摩書房(ちくまプリマー新書)／2018年10月
SDGsは地理で学べ／宇野仙著／筑摩書房(ちくまプリマー新書)／2022年10月
世界の歴史 15―角川まんが学習シリーズ／羽田正監修／KADOKAWA／2021年2月
世界の歴史 17―角川まんが学習シリーズ／羽田正監修／KADOKAWA／2021年2月
14歳からの原発問題―14歳の世渡り術／雨宮処凛著／河出書房新社／2011年9月
14歳からわかる生活保護―14歳の世渡り術／雨宮処凛著／河出書房新社／2012年10月
14歳からわかる生命倫理―14歳の世渡り術／雨宮処凛著／河出書房新社／2014年5月
14歳からの戦争のリアル―14歳の世渡り術／雨宮処凛著／河出書房新社／2015年7月
世界史の中のパレスチナ問題―講談社現代新書／臼杵陽著／講談社／2013年1月
英語の害毒／永井忠孝著／新潮社(新潮新書)／2015年6月
まゆみちゃんの叫び まゆみちゃんとリリー／永嶋マサ子絵と文／文芸社／2010年12月
科学者は戦争で何をしたか／益川敏英著／集英社／2015年8月
子どものころの戦争の記憶:真珠湾攻撃から敗戦玉音放送まで／越川栄子文;やまなかももこ絵／随想舎／2023年6月
はじめて読む!海外文学ブックガイド:人気翻訳家が勧める、世界が広がる48冊―14歳の世渡り術／越前敏弥ほか著／河出書房新社／2022年7月
イギリス肉食革命:胃袋から生まれた近代―平凡社新書／越智敏之著／平凡社／2018年3月
ブータンの学校に美術室をつくる―いのちのドラマ;2／榎本智恵子著／WAVE出版／2013年8月
その「英語」が子どもをダメにする:間違いだらけの早期教育―青春新書INTELLIGENCE／榎本博明著／青春出版社／2017年9月

1945年鎮南浦の冬を越えて：少女と家族の引き揚げ回想録／遠藤みえ子著／長崎出版／2012年1月
絶滅危機動物／遠藤秀紀監修;本村浩之監修;小宮輝之監修;今泉忠明監修／学研プラス（学研の図鑑LIVEPOCKET）／2019年3月
あの俳優は、なぜ短期間で英語が話せるようになったのか?／塩屋孔章;ラッセル・トッテン著／SBクリエイティブ（SB新書）／2016年3月
地球環境から学ぼう!私たちの未来 第4巻（地球環境を守る・世界の事情）／塩瀬治編／星の環会／2010年12月
地球環境から学ぼう!私たちの未来 第2巻（このままでは地球はどうなる?）／塩瀬治編／星の環会／2011年4月
生き方の演習：若者たちへ／塩野七生著／朝日出版社／2010年10月
経済学は死んだのか―平凡社新書／奥村宏著／平凡社／2010年4月
平塚らいてう：孫が語る素顔―平凡社新書／奥村直史著／平凡社／2011年8月
英語に好かれるとっておきの方法：4技能を身につける／横山カズ著／岩波書店（岩波ジュニア新書）／2016年6月
完全独学!無敵の英語勉強法／横山雅彦著／筑摩書房（ちくまプリマー新書）／2015年11月
英語バカのすすめ：私はこうして英語を学んだ／横山雅彦著／筑摩書房（ちくまプリマー新書）／2020年3月
地球46億年気候大変動：炭素循環で読み解く、地球気候の過去・現在・未来／横山祐典著／講談社（ブルーバックス）／2018年10月
世界に通じるマナーとコミュニケーション：つながる心、英語は翼／横手尚子著;横山カズ著／岩波書店（岩波ジュニア新書）／2017年7月
いのちの授業：横田めぐみさんが教えてくれたこと／横田滋・早紀江&中学生たち著;フォレストブックス編／いのちのことば社フォレストブックス（ForestBooks）／2015年6月
十二歳の戦争：おばあちゃんが語ります／横田智恵子著／文芸社／2016年9月
英語で学ぶEU＝Let's explore Europe!：日本語対訳付き／欧州連合／駐日欧州連合代表部／2014年4月
人の心に働きかける経済政策／翁邦雄著／岩波書店（岩波新書新赤版）／2022年1月
中学生に教えたい日本と中国の本当の歴史―徳間ポケット；006／黄文雄著／徳間書店／2012年12月
科学vs.キリスト教：世界史の転換／岡崎勝世著／講談社／2013年12月
西洋美術とレイシズム／岡田温司著／筑摩書房（ちくまプリマー新書）／2020年12月
アスリートたちの英語トレーニング術／岡田圭子著;野村隆宏著／岩波書店（岩波ジュニア新書）／2011年8月
アンネ・フランク：日記は語る／岡田好惠文／講談社（講談社火の鳥伝記文庫）／2018年8月
火のトンネル／岡本央写真・文／大月書店／2023年6月
教養として学んでおきたい哲学／岡本裕一朗著／マイナビ出版（マイナビ新書）／2019年6月
教養として学んでおきたいニーチェ／岡本裕一朗著／マイナビ出版（マイナビ新書）／2021年9月
文系大学院生サバイバル―ディスカヴァー携書／岡﨑匡史[著]／ディスカヴァー・トゥエンティワン／2013年12月
水の未来：グローバルリスクと日本／沖大幹著／岩波書店（岩波新書新赤版）／2016年3月
「生き場」を探す日本人―平凡社新書／下川裕治著／平凡社／2011年6月
「ハーフ」ってなんだろう?：あなたと考えたいイメージと現実―中学生の質問箱／下地ローレンス吉孝著／平凡社／2021年4月
ハニーンちゃんのお人形／加藤ユカリ文;梶野ヒカリ絵／めるくまーる／2010年2月
池の水をぬいた!ため池の外来生物がわかる本／加藤英明文;越井隆イラストレーション／徳間書店／2018年8月
13歳からのテロ問題リアルな「正義論」の話／加藤朗著／かもがわ出版／2011年9月
一人前になるための家事の図鑑／家事の図鑑の会編／岩崎書店／2014年9月
リアル人生ゲーム完全攻略本／架神恭介著;至道流星著／筑摩書房（ちくまプリマー新書）／2017年10月

異常気象と温暖化がわかる：どうなる?気候変動による未来／河宮未知生監修／技術評論社／2016年6月

新・親子で学ぶ偉人物語 3／河合敦監修；小林裕子イラスト；モラロジー研究所出版部編集／モラロジー研究所／2013年6月

わたしの外国語漂流記：未知なる言葉と格闘した25人の物語──14歳の世渡り術／河出書房新社編／河出書房新社／2020年2月

from under 30 世界を平和にする第一歩──14歳の世渡り術／河出書房新社編；井手上漠ほか著／河出書房新社／2022年8月

旅が好きだ!：21人が見つけた新たな世界への扉──14歳の世渡り術／河出書房新社編；角田光代ほか著／河出書房新社／2020年6月

動物で読むアメリカ文学案内／河島弘美著／岩波書店（岩波ジュニア新書）／2012年7月

五八年後の原爆：少女が見たあの日の河原／花垣ルミ語り；鶴岡たか絵；黒岩晴子編集／日本機関紙出版センター／2021年8月

被爆者 続 (70年目の出会い)──◎シリーズ◎自然いのちひと；16／会田法行写真・文／ポプラ社／2015年7月

結局、ウナギは食べていいのか問題／海部健三著／岩波書店（岩波科学ライブラリー）／2019年7月

マークで学ぶSDGs 街でみつかるマーク／蟹江憲史監修／ほるぷ出版／2021年2月

マンガで学ぶSDGs [1]／蟹江憲史監修／金の星社／2021年2月

マンガで学ぶSDGs [2]／蟹江憲史監修／金の星社／2021年3月

マンガで学ぶSDGs [3]／蟹江憲史監修／金の星社／2021年3月

12歳までに身につけたいSDGsの超きほん──未来のキミのためシリーズ／蟹江憲史監修／朝日新聞出版／2021年7月

SDGs入門：未来を変えるみんなのために／蟹江憲史著／岩波書店（岩波ジュニアスタートブックス）／2021年9月

地球の仲間たち：スリランカ/ニジェール／開発教育を考える会編／ひだまり舎／2019年8月

新型インフル：パンデミックを防ぐために／外岡立人著／岩波書店（岩波ブックレット）／2013年7月

東南アジアを学ぼう：「メコン圏」入門／柿崎一郎著／筑摩書房（ちくまプリマー新書）／2011年2月

東日本大震災伝えなければならない100の物語 第10巻 (未来へ)／学研教育出版著／学研教育出版／2013年2月

科学感動物語 1／学研教育出版編集／学研教育出版／2013年2月

映画のなかの学びのヒント／梶井一暁著／岐阜新聞社／2014年7月

14歳のヒロシマ：被爆者が伝える戦争と平和のはなし──14歳の世渡り術／梶本淑子著／河出書房新社／2023年7月

日本を守るため、明日から戦えますか?：13歳から考える安全保障／葛城奈海著／ビジネス社／2023年6月

13歳から考える住まいの権利：多様な生き方を実現する「家」のはなし／葛西リサ 著／かもがわ出版／2022年12月

東京大学の先生が教える海洋のはなし／茅根創編著；丹羽淑博編著／成山堂書店／2023年3月

なるほど低炭素社会──なるほどサイエンスシリーズ／茅陽一監修；牧野タカシ漫画／日本電気協会新聞部／2010年1月

暴力はいけないことだと誰もがいうけれど──14歳の世渡り術／萱野稔人著／河出書房新社／2010年2月

止めたい!人種差別 = STOP RACISM 1／関橋眞理 編著／汐文社／2022年2月

止めたい!人種差別 = STOP RACISM 2／関橋眞理 編著／汐文社／2022年3月

止めたい!人種差別 = STOP RACISM 3／関橋眞理 編著／汐文社／2022年3月

世界の女性問題 2／関橋眞理著／汐文社／2013年12月

世界の女性問題 3／関橋眞理著／汐文社／2014年2月

ジプシーを訪ねて／関口義人著／岩波書店（岩波新書新赤版）／2011年1月

家族農業が世界を変える 3／関根佳恵 監修・著／かもがわ出版／2022年3月

家族農業が世界を変える 1／関根佳恵監修・著／かもがわ出版／2021 年 10 月
家族農業が世界を変える 2／関根佳恵監修・著／かもがわ出版／2021 年 12 月
13 歳からの食と農：家族農業が世界を変える／関根佳恵著／かもがわ出版／2020 年 11 月
減り続ければいなくなる!?日本サンショウウオ探検記 ＝ Journeys to find salamanders in Japan／関慎太郎写真・文／少年写真新聞社／2021 年 5 月
サバイバル英会話：「話せるアタマ」を最速でつくる／関正生著／NHK 出版（NHK 出版新書）／2018 年 10 月
子どものサバイバル英語勉強術：早期教育に惑わされない!／関正生著／NHK 出版（NHK 出版新書）／2023 年 2 月
その英語、こう言いかえればササるのに!―青春新書 INTELLIGENCE／関谷英里子著／青春出版社／2013 年 8 月
ドイツ王室一〇〇〇年史 ＝ DIE GESCHICHTE DER DEUTSCH DYNASTIE：ヨーロッパ史を動かした三王家の栄華と終焉／関田淳子著／中経出版（ビジュアル選書）／2013 年 8 月
よくわかる原子力とエネルギー 2／舘野淳監修／ポプラ社／2012 年 3 月
よくわかる原子力とエネルギー 3／舘野淳監修／ポプラ社／2012 年 3 月
英語の謎：歴史でわかるコトバの疑問／岸田緑渓著;早坂信著;奥村直史著／KADOKAWA（角川ソフィア文庫）／2018 年 1 月
NARUTO-ナルト-名言集絆-KIZUNA- 地ノ巻／岸本斉史著／集英社（集英社新書）／2013 年 3 月
NARUTO-ナルト-名言集絆-KIZUNA- 天ノ巻／岸本斉史著／集英社（集英社新書）／2013 年 3 月
「流域地図」の作り方：川から地球を考える／岸由二著／筑摩書房（ちくまプリマー新書）／2013 年 11 月
生きのびるための流域思考／岸由二著／筑摩書房（ちくまプリマー新書）／2021 年 7 月
ワールドカップで見た南アフリカ体験記―ポプラ社ノンフィクション／岩崎龍一著／ポプラ社／2010 年 10 月
10 代が考えるウクライナ戦争／岩波ジュニア新書編集部編／岩波書店（岩波ジュニア新書）／2023 年 2 月
日本とベルギー：交流の歴史と文化／岩本和子編著;中條健志編著;石部尚登ほか著／松籟社／2023 年 12 月
日本の世界遺産 ＝ World Heritage in Japan：地理・歴史・SDGs の視点でひも解く.1／岩本廣美監修;河本大地著;祐岡武志著;赤星信太朗著;青山邦彦イラスト／帝国書院／2023 年 2 月
日本の世界遺産 ＝ World Heritage in Japan：地理・歴史・SDGs の視点でひも解く.2／岩本廣美監修;河本大地著;祐岡武志著;赤星信太朗著;青山邦彦イラスト／帝国書院／2023 年 2 月
日本の世界遺産 ＝ World Heritage in Japan：地理・歴史・SDGs の視点でひも解く.3／岩本廣美監修;河本大地著;祐岡武志著;赤星信太朗著;青山邦彦イラスト／帝国書院／2023 年 2 月
きみはどう考える?人権ってなんだろう 3／喜多明人監修／汐文社／2021 年 3 月
戦争のころの少年少女たち：「欲しがりません、勝つまでは!」の時代に‐：「子どもたちに伝える平和のための資料展」パネル集／岐阜空襲を記録する会編集／岐阜新聞社／2018 年 8 月
移民国家アメリカの歴史／貴堂嘉之著／岩波書店（岩波新書新赤版）／2018 年 10 月
平和をつくるを仕事にする／鬼丸昌也著／筑摩書房（ちくまプリマー新書）／2018 年 3 月
地球の人口を考える-世界と日本の人口問題／鬼頭宏監修／文研出版／2013 年 10 月
ふえる人口へる人口-世界と日本の人口問題／鬼頭宏監修／文研出版／2013 年 12 月
移動する人口―世界と日本の人口問題／鬼頭宏監修／文研出版／2014 年 1 月
人口問題にたちむかう―世界と日本の人口問題／鬼頭宏監修／文研出版／2014 年 2 月
〈超・多国籍学校〉は今日もにぎやか!：多文化共生って何だろう／菊池聡著／岩波書店（岩波ジュニア新書）／2018 年 11 月
みらいへの教科書：きみと・友だちと・よのなかと／菊田文夫著／日野原重明監修／学研教育みらい／2015 年 3 月
まんがで読む防衛白書 平成 22 版／吉岡 佐和子編集／松山 セツイラスト／防衛省／2011 年 7 月
まんがで読む防衛白書 平成 23 版／吉岡佐和子著;防衛省監修;MCH イラスト／防衛省／2012 年 3 月

歴史を変えた卑弥呼：縄文時代から飛鳥時代まで駆けぬけた渡来人：Dreams Come True―歴史故郷シリーズ；1／吉岡節夫著／BRLM高速学習アカデミー／2014年1月

世界で生きぬく理系のための英文メール術：短く、正確に、要点を押さえて／吉形一樹著／講談社（ブルーバックス）／2015年10月

アジア血風録／吉村剛史著／エムディエヌコーポレーション（MdN新書）／2021年4月

調べてみよう!国際機関の仕事：SDGsの時代へ 1／吉村祥子 監修／汐文社／2022年1月

調べてみよう!国際機関の仕事：SDGsの時代へ 2／吉村祥子 監修／汐文社／2022年2月

調べてみよう!国際機関の仕事：SDGs時代へ 3／吉村祥子 監修／汐文社／2022年3月

Your world：国際理解教育テキスト／吉田研作監修／ヘッセ杉山ナオコ執筆／ベルワークス／2012年4月

Your world：英語テキスト／吉田研作監修／町田淳子執筆；坂本ひとみ執筆／ベルワークス／2012年4月

地球を救う新世紀農業：アグロエコロジー計画／吉田太郎著／筑摩書房（ちくまプリマー新書）／2010年3月

政治のキホン100／吉田文和著／岩波書店（岩波ジュニア新書）／2014年9月

語り伝えるアジア・太平洋戦争：ビジュアルブック 第1巻（開戦への道のり）／吉田裕文・監修／新日本出版社／2011年12月

語り伝えるアジア・太平洋戦争：ビジュアルブック 第2巻（アジア・太平洋戦争の開戦）／吉田裕文・監修／新日本出版社／2012年1月

語り伝えるアジア・太平洋戦争：ビジュアルブック 第5巻（おわらない戦後と平和への道）／吉田裕文・監修／新日本出版社／2012年3月

日本経済の奇妙な常識―講談社現代新書／吉本佳生著／講談社／2011年10月

まんがでわかる日本の歴史：わかりやすい!おもしろい!楽しく読める! 大正デモクラシー編―Goma books／久松文雄画／ゴマブックス／2018年3月

世界のいまを伝えたい：フォトジャーナリスト久保田弘信／久保田弘信著／汐文社／2019年1月

ジュニアのための貧困問題入門：人として生きるために／久保田貢編／平和文化／2010年10月

はたらく細胞Lady 10代女性が知っておきたい「性」の新知識―KCDX／及川夕子 著;高橋幸子 医療監修;原田重光 監修;乙川灯 監修;清水茜 監修／講談社／2022年11月

AI時代の新・地政学／宮家邦彦著／新潮社（新潮新書）／2018年9月

新しい世界の伝記ライフ・ストーリーズ 5／宮川健郎日本語版総監修／三省堂／2020年2月

漫画から学ぶ生きる力 戦争編／宮川総一郎監修／ほるぷ出版／2016年12月

武器ではなく命の水をおくりたい：中村哲医師の生き方／宮田律著／平凡社／2021年4月

「移民国家」としての日本：共生への展望／宮島喬著／岩波書店（岩波新書新赤版）／2022年11月

外国人労働者受け入れを問う／宮島喬著;鈴木江理子著／岩波書店（岩波ブックレット）／2014年12月

パラオのきせき／宮本えつよし作・絵／ニコモ／2020年8月

現代史は地理から学べ／宮路秀作／SBクリエイティブ（SB新書）／2023年8月

人類最後の日：生き延びるために、自然の再生を／宮脇昭著／藤原書店／2015年2月

人生を豊かにしたい人のための世界遺産／宮澤光著／マイナビ出版（マイナビ新書）／2022年3月

世界遺産で考える5つの現在―歴史総合パートナーズ；11／宮澤光著／清水書院／2020年2月

平和のバトン：広島の高校生たちが描いた8月6日の記憶／弓狩匡純著／くもん出版／2019年6月

日本の労働を世界に問う：ILO条約を活かす道／牛久保秀樹著;村上剛志著／岩波書店（岩波ブックレット）／2014年5月

風くんと電気ちゃんの大ぼうけん：よくわかる風力発電のしくみ／牛山泉監修;斉藤道子文;林幸絵／ポプラ社／2015年3月

日本の戦争と動物たち 3／牛田守彦著;平井美津子著／汐文社／2018年3月

だれも知らない子供たち：知られざるビルマ（ミャンマー）難民キャンプの暮らし：生まれてから外の世界をまったく知らない鉄条網の中で暮らす難民キャンプの子供たち／京極正典監修・文;鷲尾美津子編／エンタイトル出版／2010年11月

30代記者たちが出会った戦争：激戦地を歩く／共同通信社会部編／岩波書店（岩波ジュニア新書）／2016

年7月

社会科はおもしろい!ランキング!令和版 4／教育画劇編集部 著／教育画劇／2022年4月
メディアと日本人：変わりゆく日常／橋元良明著／岩波書店（岩波新書赤版）／2011年3月
国家を考えてみよう／橋本治著／筑摩書房（ちくまプリマー新書）／2016年6月
水をめぐる争い―世界と日本の水問題／橋本淳司著／文研出版／2010年12月
水と人びとの健康―世界と日本の水問題／橋本淳司著／文研出版／2011年1月
内戦の地に生きる：フォトグラファーが見た「いのち」／橋本昇著／岩波書店（岩波ジュニア新書）／2019年4月
捨てられる銀行―講談社現代新書／橋本卓典著／講談社／2016年5月
16世紀「世界史」のはじまり／玉木俊明著／文藝春秋（文春新書）／2021年4月
高校生と考える世界とつながる生き方／桐光学園大学訪問授業／桐光学園中学校・高等学校編／左右社／2016年4月
高校生と考える21世紀の突破口／桐光学園大学訪問授業：危機の時代の必須教養／桐光学園中学校・高等学校編／左右社／2023年4月
となりの外国人／芹澤健介著／マイナビ出版（マイナビ新書）／2019年12月
旅に出よう：世界にはいろんな生き方があふれてる／近藤雄生著／岩波書店（岩波ジュニア新書）／2010年4月
ジャッキー・ロビンソン：人種差別をのりこえたメジャーリーガー／近藤隆夫著／汐文社／2013年10月
グローバル資本主義と日本の選択：富と貧困の拡大のなかで／金子勝著;橘木俊詔著;武者陵司著／岩波書店（岩波ブックレット）／2010年3月
K-POP：新感覚のメディア／金成玟著／岩波書店（岩波新書新赤版）／2018年7月
平清盛と28人の男と女の裏表。：清盛は悪党か?改革者か?：45分でわかる!―Magazine house 45 minutes series；#21／金谷俊一郎著／マガジンハウス／2011年12月
少女の物語 ＝herstory：日本軍「慰安婦」被害者／金滬起作韓国挺身隊問題対策協議会訳／日本機関紙出版センター／2014年8月
みんなでつくろう!サステナブルな社会 ＝Sustainable Society：未来へつなぐSDGs 2／九里徳泰監修／小峰書店／2021年4月
オノマトペの謎：ピカチュウからモフモフまで／窪薗晴夫編／岩波書店（岩波科学ライブラリー）／2017年5月
ニホンカワウソはつくづく運がわるかった?!：ひらめき動物保全学／熊谷さとし著／偕成社／2015年10月
イスラエルがすごい：マネーを呼ぶイノベーション大国／熊谷徹著／新潮社（新潮新書）／2018年11月
ドイツ人はなぜ、年収アップと環境対策を両立できるのか―青春新書INTELLIGENCE／熊谷徹著／青春出版社／2023年1月
次に来る日本のエネルギー危機：ウクライナ戦争で激変した地政学リスク―青春新書INTELLIGENCE／熊谷徹著／青春出版社／2023年8月
なんにもないけどやってみた：プラ子のアフリカボランティア日記／栗山さやか著／岩波書店（岩波ジュニア新書）／2011年10月
風土のなかの神々：神話から歴史の時空を行く―筑摩選書／桑子敏雄著／筑摩書房／2023年6月
リンカン／迎夏生漫画;奥田暁代監修／ポプラ社（コミック版世界の伝記）／2018年5月
ヘーゲルとその時代／権左武志著／岩波書店（岩波新書新赤版）／2013年11月
コーヒー豆を追いかけて：地球が抱える問題が熱帯林で見えてくる／原田一宏著／くもん出版／2018年3月
理系のための英語最重要「キー動詞」43：600超の例文で独特の用法を完全マスター!／原田豊太郎著／講談社（ブルーバックス）／2015年5月
希望のつくり方／玄田有史著／岩波書店（岩波新書赤版）／2010年10月
現代社会ライブラリーへようこそ!2019-20／現代社会ライブラリーへようこそ!編集委員会著／清水書院／2019年8月

現代社会ライブラリーへようこそ! 2017／現代社会ライブラリーへようこそ!編集委員著／清水書院／2016年9月
現代用語の基礎知識学習版 2010→2011／現代用語検定協会監修／自由国民社／2010年2月
現代用語の基礎知識学習版 2011→2012／現代用語検定協会監修／自由国民社／2011年3月
現代用語の基礎知識学習版 2012→2013／現代用語検定協会監修／自由国民社／2012年2月
現代用語の基礎知識学習版：大人はもちろん子どもにも。 2013→2014／現代用語検定協会監修／自由国民社／2013年2月
現代用語の基礎知識学習版：子どもはもちろん大人にも。 2014→2015／現代用語検定協会監修／自由国民社／2014年2月
現代用語の基礎知識学習版：12歳からの「現代用語」：子どもはもちろん大人にも。 2015→2016／現代用語検定協会監修／自由国民社／2015年2月
現代用語の基礎知識：学習版 2018／現代用語検定協会監修／自由国民社／2017年5月
現代用語の基礎知識：学習版 2019-2020／現代用語検定協会監修／自由国民社／2019年7月
現代用語の基礎知識：学習版 2020-2021／現代用語検定協会監修／自由国民社／2020年7月
現代用語の基礎知識：学習版 2021-2022／現代用語検定協会監修／自由国民社／2021年7月
現代用語の基礎知識：学習版. 2023-2024／現代用語検定協会監修／自由国民社／2023年7月
高校生、とび出せ世界へ！：Multilingual Adventures：高校交換留学21 カ国2,000人の体験から／言語交流研究所ヒッポ著／遊行社／2019年5月
くらしをくらべる戦前・戦中・戦後 1／古舘明廣著／岩崎書店／2021年1月
くらしをくらべる戦前・戦中・戦後 2／古舘明廣著／岩崎書店／2021年2月
ヨーロッパ思想を読み解く：何が近代科学を生んだか／古田博司著／筑摩書房／2014年8月
日本経済の底力：臥龍が目覚めるとき／戸堂康之著／中央公論新社（中公新書）／2011年8月
私を変えた体験：世界の若者からのメッセージ：五井平和財団・ユネスコ主催国際ユース作文コンテスト選集／五井平和財団編／フェリシモ／2012年2月
14歳からのケンチク学／五十嵐太郎編／彰国社／2015年4月
ワールドカップは誰のものか：FIFAの戦略と政略／後藤健生著／文藝春秋（文春新書）／2010年5月
他者を感じる社会学：差別から考える／好井裕明著／筑摩書房（ちくまプリマー新書）／2020年11月
差別の現在：ヘイトスピーチのある日常から考える─平凡社新書／好井裕明著／平凡社／2015年3月
中国人の本音：日本をこう見ている─平凡社新書／工藤哲著／平凡社／2017年5月
ギャングを抜けて。：僕は誰も殺さない／工藤律子著／合同出版／2018年6月
被爆アオギリと生きる：語り部・沼田鈴子の伝言／広岩近広著／岩波書店（岩波ジュニア新書）／2013年4月
ロボット創造学入門─〈知の航海〉シリーズ／広瀬茂男著／岩波書店（岩波ジュニア新書）／2011年6月
ちいさい言語学者の冒険：子どもに学ぶことばの秘密／広瀬友紀著／岩波書店（岩波科学ライブラリー）／2017年3月
Message ヒロシマ・ナガサキそしてフクシマからあなたに届けます。／広島あおむしグループ布の絵本制作長崎北部ゆりの会布の絵本制作／梨の木舎／2015年8月
いしぶみ：広島二中一年生全滅の記録 新装版／広島テレビ放送編／ポプラ社／2015年7月
アフリカで、バッグの会社はじめました：寄り道多め仲本千津の進んできた道／江口絵理著／さ・え・ら書房／2023年6月
教室からとびだせ物理：物理オリンピックの問題と解答／江沢洋;上條隆志;東京物理サークル編著／数学書房／2011年9月
やっちゃんと3人のお母さん：ある中国残留日本人孤児のお話／荒木昭夫文;神門やす子え;平和・原発・くらしを考える会編／ウインかもがわ／2018年6月
わたしの沖縄戦 1／行田稔彦著／新日本出版社／2013年11月
わたしの沖縄戦 2／行田稔彦著／新日本出版社／2014年3月
わたしの沖縄戦 3／行田稔彦著／新日本出版社／2014年3月

解釈につよくなるための英文50／行方昭夫著／岩波書店（岩波ジュニア新書）／2012年2月
身につく英語のためのAtoZ／行方昭夫著／岩波書店（岩波ジュニア新書）／2014年8月
読解力をきたえる英語名文30／行方昭夫著／岩波書店（岩波ジュニア新書）／2022年11月
宇宙兄弟・アニメでよむ宇宙たんけんブック・／講談社編;小山宙哉原作;林公代監修・文／講談社／2012年8月
生物多様性と私たち：COP10から未来へ／香坂玲著／岩波書店（岩波ジュニア新書）／2011年5月
有機農業で変わる食と暮らし：ヨーロッパの現場から／香坂玲著;石井圭一著／岩波書店（岩波ブックレット）／2021年4月
ぼくたちはこの国をこんなふうに愛することに決めた／高橋源一郎著／集英社（集英社新書）／2017年12月
黄砂にいどむ：緑の高原をめざして／高橋秀雄作／新日本出版社／2016年2月
カラー図解ストップ原発 4／高橋真樹著;辻信一監修;水野あきらイラスト／大月書店／2012年3月
ウクライナ戦争はなぜ終わらないのか：デジタル時代の総力戦／高橋杉雄編著／文藝春秋（文春新書）／2023年6月
ママとマハ：パレスチナに生きるふたり／高橋美香文・写真／かもがわ出版／2023年1月
命のビザで旅した子どもたち = Children and the Visas for Life：暗やみから光さすほうへ／高橋文著／岐阜新聞社／2021年8月
戦争がなかったら = If There were No War：3人の子どもたち10年の物語―ポプラ社ノンフィクション／高橋邦典著／ポプラ社／2013年11月
統計・確率思考で世の中のカラクリが分かる／高橋洋一著／光文社（光文社新書）／2011年10月
国際協力ってなんだろう：現場に生きる開発経済学／高橋和志;山形辰史編著／岩波書店（岩波ジュニア新書）／2010年11月
マンガでわかる!地球環境とSDGs 4／高月紘 監修／学研プラス／2022年2月
地雷処理という仕事：カンボジアの村の復興記／高山良二著／筑摩書房（ちくまプリマー新書）／2010年3月
スポーツからみる東アジア史：分断と連帯の20世紀／高嶋航著／岩波書店（岩波新書新赤版）／2021年12月
君が戦争を欲しないならば／高畑勲著／岩波書店（岩波ブックレット）／2015年12月
翻訳教室：はじめの一歩／鴻巣友季子著／筑摩書房（ちくまプリマー新書）／2012年7月
翻訳ってなんだろう?：あの名作を訳してみる／鴻巣友季子著／筑摩書房（ちくまプリマー新書）／2018年6月
世界中の子どもの権利をまもる30の方法：だれひとり置き去りにしない!／国際子ども権利センター編;甲斐田万智子編;荒牧重人監修／合同出版／2019年10月
地政学から戦争と平和を考える国際情勢と領土問題.[1]／国際地政学研究所監修／金の星社／2023年2月
地政学から戦争と平和を考える国際情勢と領土問題.[2]／国際地政学研究所監修／金の星社／2023年3月
地政学から戦争と平和を考える国際情勢と領土問題.[3]／国際地政学研究所監修／金の星社／2023年3月
国谷裕子と考えるSDGsとスマートシティ・まちづくり.1巻／国谷裕子監修／文溪堂／2012年2月
国谷裕子と考えるSDGsがわかる本／国谷裕子監修／文溪堂／2019年1月
国谷裕子と考えるSDGsと食料危機.1／国谷裕子監修／文溪堂／2023年2月
国谷裕子と考えるSDGsと食料危機.2／国谷裕子監修／文溪堂／2023年3月
国谷裕子と考えるSDGsと食料危機.3／国谷裕子監修／文溪堂／2023年3月
国谷裕子と考えるSDGsと食料危機.4／国谷裕子監修／文溪堂／2023年3月
国谷裕子と考えるSDGsとスマートシティ・まちづくり.2巻／国谷裕子監修／文溪堂／2023年12月
国谷裕子と考えるSDGsとスマートシティ・まちづくり.3巻／国谷裕子監修／文溪堂／2023年12月
中国は、いま／国分良成編／岩波書店（岩波新書新赤版）／2011年3月
わくわく!探検れきはく日本の歴史 4／国立歴史民俗博物館編／吉川弘文館／2019年1月
紛争・迫害の犠牲になる難民の子どもたち／国連難民高等弁務官事務所 著;櫛田理絵 訳／合同出版／2022

年2月
13歳からのウクライナ戦争150日新聞／黒井文太郎 監修／宝島社／2022年9月
北方領土のなにが問題?―歴史総合パートナーズ；16／黒岩幸子 著／清水書院／2022年8月
ロシア語だけの青春―ちくま文庫／黒田龍之助著／筑摩書房／2023年6月
外国語をはじめる前に／黒田龍之助著／筑摩書房（ちくまプリマー新書）／2012年7月
琵琶湖のカルテ：科学者たちからのメッセージ―文研じゅべにーる・ノンフィクション／今関信子著／文研出版／2010年9月
ようこそ、難民! = Flüchtlinge Willkommen!：100万人の難民がやってきたドイツで起こったこと／今泉みね子著／合同出版／2018年2月
グラフや表から環境問題を考える日本の固有種 3／今泉忠明監修／汐文社／2021年2月
絶滅危機動物：最新版IUCNレッドリスト対応!!―新・ポケット版学研の図鑑；14／今泉忠明監修;小宮輝之監修;大渕希郷監修／学研教育出版／2012年7月
核のごみをどうするか：もう一つの原発問題／今田高俊著;寿楽浩太著;中澤高師著／岩波書店（岩波ジュニア新書）／2023年4月
中学道徳1 きみがいちばんひかるとき／今道友信監修;関根清三監修;荒畑美貴子編;小川信夫編;上條さなえ編;近藤精一編;杉中康平編;竹田敏彦編;三宅健次編;渡邊弘編;光村図書出版株式会社編集部編／光村図書出版／2014年
大人になって困らない語彙力の鍛えかた―14歳の世渡り術／今野真二著／河出書房新社／2017年11月
20世紀をつくった経済学：シュンペーター、ハイエク、ケインズ／根井雅弘著／筑摩書房（ちくまプリマー新書）／2011年12月
経済学の3つの基本：経済成長、バブル、競争／根井雅弘著／筑摩書房（ちくまプリマー新書）／2013年10月
ふるさとをさがして：難民のきもち、寄り添うきもち／根本かおる著／学研教育出版／2012年12月
シリーズ心の糧 2／佐々木敬子作・絵／佐々木敬子／2014年5月
「イスラム」を見れば、3年後の世界がわかる―青春新書INTELLIGENCE／佐々木良昭著／青春出版社／2012年5月
結局、世界は「石油」で動いている―青春新書INTELLIGENCE／佐々木良昭著／青春出版社／2015年5月
沖縄の基地の間違ったうわさ：検証34個の疑問／佐藤学編;屋良朝博編／岩波書店（岩波ブックレット）／2017年11月
聞いてみました!日本にくらす外国人 1／佐藤郡衛監修／ポプラ社／2018年4月
聞いてみました!日本にくらす外国人 2／佐藤郡衛監修／ポプラ社／2018年4月
聞いてみました!日本にくらす外国人 3／佐藤郡衛監修／ポプラ社／2018年4月
聞いてみました!日本にくらす外国人 4／佐藤郡衛監修／ポプラ社／2018年4月
聞いてみました!日本にくらす外国人 5／佐藤郡衛監修／ポプラ社／2018年4月
毎日がつまらない君へ―10分後に自分の世界が広がる手紙. 学校がもっとすきになるシリーズ／佐藤慧著／東洋館出版社／2021年3月
ハウラの赤い花：イラクの少女がねがったこと／佐藤真紀文・写真;ハウラ・ジャマル絵／新日本出版社／2010年1月
SDGsライフキャリアBOOK：みんなの"自分らしさ"で未来を創る-未来の授業／佐藤真久監修;ETIC.編集協力／宣伝会議／2020年12月
SDGs×ライフキャリア探究BOOK：サステナブルな未来の社会をつくる生き方・働き方って何だろう? けんた、寿司職人になる!?編―未来の授業／佐藤真久監修;ETIC.編集協力／宣伝会議／2023年12月
憎しみを乗り越えて：ヒロシマを語り継ぐ近藤紘子／佐藤真澄著／汐文社／2019年12月
プーチンとG8の終焉／佐藤親賢著／岩波書店（岩波新書新赤版）／2016年3月
高校生にも読んでほしい安全保障の授業／佐藤正久著／ワニブックス／2015年8月
高校生にも読んでほしい海の安全保障の授業：日本人が知らない南シナ海の大問題!／佐藤正久著／ワニブ

ックス／2016年12月
高校生にも読んでほしい平和のための安全保障の授業／佐藤正久著／ワニブックス／2019年6月
英作文のためのやさしい英文法／佐藤誠司著／岩波書店（岩波ジュニア新書）／2010年6月
高校生のための英語学習ガイドブック／佐藤誠司著／岩波書店（岩波ジュニア新書）／2012年3月
小学生から知っておきたいザ・外交 2巻／佐藤優 総監修;髙橋良祐 監修;渡辺裕之 監修／文研出版／2022年10月
16歳のデモクラシー ＝LECTURES ON DEMOCRACY：受験勉強で身につけるリベラルアーツ／佐藤優著／晶文社／2020年1月
教養としてのダンテ「神曲」 地獄篇―青春新書INTELLIGENCE／佐藤優著／青春出版社／2022年9月
知ろう!防ごう!自然災害 3(世界の自然災害と取り組み)／佐藤隆雄監修／岩崎書店／2011年3月
物語、英語で読んでみない?―岩波ジュニアスタートブックス／佐藤和哉著／岩波書店／2023年10月
経済学の犯罪：稀少性の経済から過剰性の経済へ―講談社現代新書／佐伯啓思著／講談社／2012年8月
世界はなぜ月をめざすのか：月面に立つための知識と戦略／佐伯和人著／講談社（ブルーバックス）／2014年8月
決め方の大研究：どんな方法があるの?：ジャンケンから選挙まで／佐伯胖監修;造事務所編集・構成／PHP研究所／2012年10月
教養として知っておくべき20の科学理論：この世界はどのようにつくられているのか?／細川博昭著;竹内薫監修／SBクリエイティブ／2016年5月
裁判の中の在日コリアン：日本社会の人種主義・ヘイトを超えて 増補改訂版／在日コリアン弁護士協会編著／現代人文社／2022年3月
ルポ難民追跡：バルカンルートを行く／坂口裕彦著／岩波書店（岩波新書新赤版）／2016年10月
人権と自然をまもる法ときまり 4／笹本潤法律監修;藤田千枝編／大月書店／2021年3月
あなたに伝えたい政治の話／三浦瑠麗著／文藝春秋（文春新書）／2018年10月
少女のための海外の話／三砂ちづる著／ミツイパブリッシング／2020年8月
戦火の約束：漫画でよめる!：語り継がれる戦争の記憶／三枝義浩漫画;横山秀夫原作／講談社／2015年7月
世界で活躍する仕事100：10代からの国際協力キャリアナビ／三菱UFJリサーチ&コンサルティング編／東洋経済新報社／2018年7月
知っておきたい電子マネーと仮想通貨／三菱総合研究所編／マイナビ出版（マイナビ新書）／2018年2月
人を見捨てない国、スウェーデン／三瓶恵子著／岩波書店（岩波ジュニア新書）／2013年2月
女も男も生きやすい国、スウェーデン／三瓶恵子著／岩波書店（岩波ジュニア新書）／2017年1月
身近でできるSDGsエシカル消費 2／三輪昭子著;山本良一監修／さ・え・ら書房／2019年5月
女たちの韓流：韓国ドラマを読み解く／山下英愛著／岩波書店（岩波新書新赤版）／2013年5月
ぼくの村にB29がきた：雷山空襲／山下庫男原話吉山たかよ文;久冨正美絵／石風社／2016年2月
男女平等はどこまで進んだか：女性差別撤廃条約から考える／山下泰子監修;矢澤澄子監修;国際女性の地位協会編／岩波書店（岩波ジュニア新書）／2018年6月
地域学をはじめよう／山下祐介著／岩波書店（岩波ジュニア新書）／2020年12月
ハンドブック原発事故と放射能／山口幸夫著／岩波書店（岩波ジュニア新書）／2012年11月
パヤタスに降る星 ＝A starry night in payatas：ごみ山の子どもたちから届いたいのちの贈り物／山口千恵子文葉祥明絵／中央法規出版／2016年2月
食料危機ってなんだろう―世界と日本の食料問題／山崎亮一監修／文研出版／2011年10月
食料と環境問題―世界と日本の食料問題／山崎亮一監修／文研出版／2011年11月
食料自給率を考える―世界と日本の食料問題／山崎亮一監修／文研出版／2012年1月
食料問題にたちむかう―世界と日本の食料問題／山崎亮一監修／文研出版／2012年2月
省エネの大研究：何ができる?どうすればいい?：家庭でできることから社会の取り組みまで／山川文子著／PHP研究所／2012年3月
まんが護国神社へ行こう!／山中浩市原作そやままい漫画／かざひの文庫／2021年11月

電力危機：乗りきるための提案、この先50年を支えるための提言—Dis+cover science;8／山田興一著;田中加奈子著／ディスカヴァー・トゥエンティワン（Dis+cover science;8）／2011年6月
世界珍食紀行／山田七絵編／文藝春秋（文春新書）／2022年7月
中1英語をひとつひとつわかりやすく．改訂版／山田暢彦監修／学研プラス／2021年2月
しゃべって身につく中学英語Web講座：Starter 中1前半レベル／山田暢彦著／学研教育出版／2015年8月
図説地図とあらすじでスッキリわかる!動乱の室町時代と15人の足利将軍—青春新書INTELLIGENCE／山田邦明監修／青春出版社／2019年5月
語源の音で聴きとる!英語リスニング／山並陸一著／文藝春秋（文春新書）／2011年12月
国境なき大学選び：日本の大学だけが大学じゃない!—ディスカヴァー携書／山本敬洋[著]／ディスカヴァー・トゥエンティワン／2010年7月
日本の歴史 14—角川まんが学習シリーズ／山本博文監修／KADOKAWA／2015年6月
これから戦場に向かいます／山本美香写真と文／ポプラ社／2016年7月
気候危機／山本良一著／岩波書店（岩波ブックレット）／2020年1月
大都市はどうやってできるのか／山本和博著／筑摩書房（ちくまプリマー新書）／2022年9月
青い目の人形の物語：Dolls of Friendship Between Japan and America／山嵜直樹著;清水正著／ほおずき書籍／2012年11月
戦争なんか大きらい!：絵描きたちのメッセージ／子どもの本・九条の会著／大月書店／2018年9月
子ども大学：シリーズ見てみよう・考えよう!3／子ども大学かわごえ監修;こどもくらぶ編／フレーベル館／2019年2月
ヘイト・スピーチとは何か／師岡康子著／岩波書店（岩波新書新赤版）／2013年12月
理系のための「実戦英語力」習得法：最速でネイティブの感覚が身につく／志村史夫著／講談社（ブルーバックス）／2018年4月
13歳からの環境問題：「気候正義」の声を上げ始めた若者たち／志葉玲著／かもがわ出版／2020年4月
日本史年表・地図 第21版／児玉幸多編／吉川弘文館／2015年4月
小学校英語のジレンマ／寺沢拓敬著／岩波書店（岩波新書赤版）／2020年2月
災厄からの立ち直り：高校生のための〈世界〉に耳を澄ませる方法／寺田匡宏編著／あいり出版／2016年9月
名随筆で学ぶ英語表現：寺田寅彦 in English／寺田寅彦原著;トム・ガリー著;松下貢著／岩波書店（岩波科学ライブラリー）／2021年6月
英語で楽しむ寺田寅彦／寺田寅彦著;トム・ガリー著;松下貢著／岩波書店（岩波科学ライブラリー）／2013年2月
あいまいな会話はなぜ成立するのか／時本真吾著／岩波書店（岩波科学ライブラリー）／2020年6月
ジェンダーで見るヒットドラマ：韓国、アメリカ、欧州、日本／治部れんげ著／光文社（光文社新書）／2021年6月
大学生活の迷い方：女子寮ドタバタ日記／蒔田直子編著／岩波書店（岩波ジュニア新書）／2014年10月
約束の国への長い旅：杉原千畝が世界に残した記憶／篠輝久著／清水書院／2018年9月
紛争解決ってなんだろう／篠田英朗著／筑摩書房（ちくまプリマー新書）／2021年1月
ヒトラーとUFO：謎と都市伝説の国ドイツ—平凡社新書／篠田航一著／平凡社／2018年6月
日本はなぜ世界で認められないのか：「国際感覚」のズレを読み解く—平凡社新書／柴山哲也著／平凡社／2012年4月
ももちゃんのピアノ：沖縄戦・ひめゆり学徒の物語—ワイド版ポプラ社ノンフィクション／柴田昌平文;阿部結絵／ポプラ社／2022年5月
一流は、なぜシンプルな英単語で話すのか—青春新書INTELLIGENCE／柴田真一著／青春出版社／2016年3月
こんなとき英語でどう切り抜ける?—青春新書INTELLIGENCE／柴田真一著／青春出版社／2017年6月
資源の大研究：日本の将来はどうなるの?：レアメタルから太陽エネルギーまで／柴田明夫監修／PHP研

究所／2012年9月
ヒトラー：虚像の独裁者／芝健介著／岩波書店（岩波新書新赤版）／2021年9月
社会を究める―スタディサプリ三賢人の学問探究ノート：今を生きる学問の最前線読本；2／若新雄純著；水無田気流著；小川仁志著／ポプラ社／2020年3月
知ってる?ジェンダー・セクシュアリティマンガカラフルKids―スクールコミック／手丸かのこマンガ；渡辺大輔解説/監修／子どもの未来社／2023年8月
SDGsをかなえるモノづくり：発見!わたしの町のスゴイ会社 1／手島利夫監修／理論社／2023年5月
この国のかたち2020／酒井亨著／エムディエヌコーポレーション（MdN新書）／2020年4月
中東から世界が見える：イラク戦争から「アラブの春」へ―〈知の航海〉シリーズ／酒井啓子著／岩波書店（岩波ジュニア新書）／2014年3月
チョムスキーと言語脳科学／酒井邦嘉著／集英社インターナショナル／2019年4月
大人になっていくあなたへ：未来のために、身につけておきたい大切なこと／酒井和典著／PHPエディターズ・グループ／2018年11月
グリーンセイバーナビ：自然と環境について30のフシギ／樹木・環境ネットワーク協会 編集／樹木・環境ネットワーク協会／2022年12月
トランスジェンダー入門／周司あきら著；高井ゆと里著／集英社（集英社新書）／2023年7月
ぼくが見た太平洋戦争―心の友だち／宗田理著／PHP研究所／2014年8月
地球の課題がよくわかる!SDGsキャラクター図鑑／秋山宏次郎 監修；いとうみつる 絵／日本図書センター／2022年4月
こどもSDGs：なぜSDGsが必要なのかがわかる本／秋山宏次郎監修／バウンド著／カンゼン／2020年8月
織物を未来の色に染めて：カンボジアの二人の少女／秋山浩子文／汐文社／2014年3月
図書館のすべてがわかる本 3（日本と世界の図書館を見てみよう）／秋田喜代美監修；こどもくらぶ編／岩崎書店／2013年3月
高校生のためのアフリカ理解入門：お互いに学び合い、助け合うために／秋田市立秋田商業高等学校ビジネス実践・ユネスコスクール班編／アルテ／2010年10月
ユネスコスクールによるESDの実践＝The Practice of ESD by a UNESCO Associated School：教育の新たな可能性を探る／秋田市立秋田商業高等学校ビジネス実践・ユネスコスクール班編／アルテ／2013年2月
高校生のための地球環境問題入門＝A GUIDE TO THE GLOBAL ENVIRONMENTAL PROBLEMS FOR HIGH SCHOOL STUDENTS：子どもたちの未来のために／秋田市立秋田商業高等学校ビジネス実践・ユネスコスクール班編著／アルテ／2012年2月
僕らが学校に行く理由―ワイド版ポプラ社ノンフィクション；42. 生きかた／渋谷敦志 写真・文／ポプラ社／2022年8月
ボクの故郷は戦場になった：樺太の戦争、そしてウクライナへ／重延浩著／岩波書店（岩波ジュニア新書）／2023年8月
城と宮殿でたどる!名門家の悲劇の顛末―青春新書INTELLIGENCE／祝田秀全監修／青春出版社／2015年10月
低炭素経済への道／諸富徹著；浅岡美恵著／岩波書店（岩波新書新赤版）／2010年4月
日韓でいっしょに読みたい韓国史：未来に開かれた共通の歴史認識に向けて／徐毅植著;安智源著;李元淳著;鄭在貞著;君島和彦訳／國分麻里訳;山﨑雅稔訳／明石書店／2014年1月
在日朝鮮人ってどんなひと?―中学生の質問箱／徐京植著／平凡社／2012年1月
新・現代アフリカ入門：人々が変える大陸／勝俣誠著／岩波書店（岩波新書新赤版）／2013年4月
娘と話す世界の貧困と格差ってなに?／勝俣誠著／現代企画室／2016年10月
世界の国ぐに＝THE SHOGAKUKAN CHILDREN'S ENCYCLOPEDIA OF WORLD COUNTRIES：キッズペディア／小学館編集／小学館／2017年11月
世界遺産＝THE SHOGAKUKAN CHILDREN'S ENCYCLOPEDIA OF WORLD HERITAGE SITES：

キッズペディア 改訂新版／小学館編集／小学館／2021年9月
社会の?を探検：はじめてのアクティブ・ラーニング 昔と今の日本／小宮山博仁著／中山成子絵／童心社／2016年3月
日本という国 増補改訂／小熊英二著／イースト・プレス（よりみちパン!セ）／2011年7月
人が人を裁くということ／小坂井敏晶著／岩波書店（岩波新書新赤版）／2011年2月
宇宙食になったサバ缶／小坂康之 著;別司芳子 著;早川世詩男 装画・挿絵／小学館／2022年7月
中学生から知りたいウクライナのこと—MSLive!BOOKS／小山哲著;藤原辰史著／ミシマ社／2022年6月
アンネ・フランク物語／小山内美江子作;平澤朋子絵／講談社（講談社青い鳥文庫）／2014年7月
緒方貞子—波乱に満ちておもしろい!ストーリーで楽しむ伝記；10／小手鞠るい 著;佐竹美保 絵／岩崎書店／2022年3月
あんずの木の下で：体の不自由な子どもたちの太平洋戦争／小手鞠るい著／原書房／2015年7月
名もなき花たちと：戦争混血孤児の家「エリザベス・サンダース・ホーム」／小手鞠るい著／原書房／2019年6月
日本のエネルギー、これからどうすればいいの?―中学生の質問箱／小出裕章著／平凡社／2012年5月
英語で話すヒント：通訳者が教える上達法／小松達也著／岩波書店（岩波新書新赤版）／2012年1月
世界地理びっくり図鑑：さまざまなデータから世界のようすを読み取ろう!―もっと知りたい!図鑑／小松陽介監修／ポプラ社／2014年4月
湯川秀樹の戦争と平和：ノーベル賞科学者が遺した希望／小沼通二著／岩波書店／2020年8月
13歳からの夏目漱石：生誕百五十年、その時代と作品／小森陽一著／かもがわ出版／2017年3月
地球温暖化を解決したい：エネルギーをどう選ぶ?／小西雅子著／岩波書店（岩波ジュニアスタートブックス）／2021年3月
地球温暖化は解決できるのか：パリ協定から未来へ!／小西雅子著／岩波書店（岩波ジュニア新書）／2016年7月
地球温暖化は解決できるのか：パリ協定から未来へ!／小西雅子著／岩波書店（岩波ジュニア新書）／2016年7月
生命デザイン学入門／小川(西秋)葉子編著;太田邦史編著／岩波書店（岩波ジュニア新書）／2016年3月
「教育学」ってどんなもの?／小川佳万編著;三時眞貴子編著／協同出版／2017年8月
地図でわかる世界の戦争・紛争.3／小川浩之監修／汐文社／2023年1月
地図でわかる世界の戦争・紛争.1／小川浩之監修／汐文社／2023年3月
14歳からのリアル防衛論／小川和久著／PHP研究所／2010年2月
日本人が知らない集団的自衛権／小川和久著／文藝春秋（文春新書）／2014年12月
図解未来を考えるみんなのエネルギー 2／小泉光久編著;明日香壽川監修／汐文社／2021年3月
図解未来を考えるみんなのエネルギー 3／小泉光久編著;明日香壽川監修／汐文社／2021年3月
発酵食品と戦争／小泉武夫著／文藝春秋（文春新書）／2023年8月
いちばん大切な食べものの話：どこで誰がどうやって作ってるか知ってる?／小泉武夫著;井出留美著／筑摩書房（ちくまQブックス）／2022年11月
ジョン万次郎：民主主義を伝えた男—歴史人物ドラマ／小沢章友 作;十々夜 絵／講談社（講談社青い鳥文庫）／2022年11月
エネルギーと人びとのくらし—世界と日本のエネルギー問題／小池康郎監修／文研出版／2012年10月
かぎりあるエネルギー資源—世界と日本のエネルギー問題／小池康郎監修／文研出版／2012年11月
エネルギーと環境問題—世界と日本のエネルギー問題／小池康郎監修／文研出版／2012年12月
エネルギー自給率を考える-世界と日本のエネルギー問題／小池康郎監修／文研出版／2013年1月
エネルギー問題にたちむかう—世界と日本のエネルギー問題／小池康郎監修／文研出版／2013年2月
自分史のすすめ：未来を生きるための文章術—平凡社新書／小池新著／平凡社／2018年5月
語源でふやそう英単語／小池直己著／岩波書店（岩波ジュニア新書）／2010年7月
話すための英文法／小池直己著／岩波書店（岩波ジュニア新書）／2011年9月
覚えておきたい基本英会話フレーズ130／小池直己著／岩波書店（岩波ジュニア新書）／2018年4月

ポジティブになれる英語名言101／小池直己著;佐藤誠司著／岩波書店（岩波ジュニア新書）／2019年6月
自分を励ます英語名言101／小池直己著;佐藤誠司著／岩波書店（岩波ジュニア新書）／2020年12月
フランス現代史／小田中直樹著／岩波書店（岩波新書新赤版）／2018年12月
子どもたちに語る日中二千年史／小島毅著／筑摩書房（ちくまプリマー新書）／2020年3月
ひとりで、考える：哲学する習慣を／小島俊明著／岩波書店（岩波ジュニア新書）／2019年5月
国境なき助産師が行く：難民救助の活動から見えてきたこと／小島毬奈著／筑摩書房（ちくまプリマー新書）／2018年10月
宇宙の話をしよう ＝Tales of the Cosmic Voyage／小野雅裕作;利根川初美絵／SBクリエイティブ／2020年11月
はやぶさ君の冒険日誌／小野瀬直美著;寺薗淳也監修／毎日新聞社／2011年7月
13歳からの英語ノート：「苦手」が「得意」に変わる超効率トレーニング／小野田博一著／PHPエディターズ・グループ／2010年2月
13歳からの頭がよくなるコツ大全／小野田博一著／PHPエディターズ・グループ／2014年9月
13歳からのもっと頭がよくなるコツ大全／小野田博一著／PHPエディターズ・グループ／2018年8月
13歳からの英語が簡単に話せるようになる本：東大卒の著者が教える「英語が自然と身につく」学び方／小野田博一著／PHPエディターズ・グループ／2020年10月
やさしくわかるカーボンニュートラル：未来につなげる・みつけるSDGs：脱炭素社会をめざすために知っておきたいこと／小野﨑正樹著;小野﨑理香絵／技術評論社／2023年4月
この気持ちいったい何語だったらつうじるの?／小林エリカ著・装画・挿画／イースト・プレス（よりみちパン!セ）／2012年8月
どうなる?日本のエネルギー問題．：再生可能エネルギーと分散型ネットワークが鍵!：45分でわかる!―Magazine house 45 minutes series；#16／小林義行著／マガジンハウス／2011年9月
知ろう!減らそう!食品ロス 1／小林富雄監修／小峰書店／2020年4月
知ろう!減らそう!食品ロス 2／小林富雄監修／小峰書店／2020年4月
知ろう!減らそう!食品ロス 3／小林富雄監修／小峰書店／2020年4月
食品ロスはなぜ減らないの?／小林富雄著／岩波書店（岩波ジュニアスタートブックス）／2022年6月
図説「合戦図屏風」で読み解く!戦国合戦の謎―青春新書INTELLIGENCE／小和田哲男監修／青春出版社／2015年8月
太陽エネルギーの大研究：クリーンで無限大!：身近な利用から宇宙太陽光発電まで／小澤祥司著／PHP研究所／2012年1月
なるほど知図帳世界 2020／昭文社地図編集部編集／昭文社／2019年12月
なるほど知図帳世界 2021／昭文社地図編集部編集／昭文社／2020年12月
高校生からのゲーム理論／松井彰彦著／筑摩書房（ちくまプリマー新書）／2010年4月
焼夷弾の雨が降った夜／松浦恵子著／日本文学館／2012年5月
森が消えれば海も死ぬ：陸と海を結ぶ生態学 第2版／松永勝彦著／講談社（ブルーバックス）／2010年2月
手をつなごうよ：フィリピン・ミンダナオ子ども図書館：日本にいちばん近いイスラム紛争地域での活動／松居友著／彩流社／2016年4月
ストライカーを科学する：サッカーは南米に学べ!／松原良香著／岩波書店／2019年9月
領土を考える 2／松竹伸幸著／かもがわ出版／2013年2月
領土を考える 3／松竹伸幸著／かもがわ出版／2013年3月
13歳からの領土問題―13歳からのあなたへ／松竹伸幸著／かもがわ出版／2014年10月
13歳からの日米安保条約：戦争と同盟の世界史の中で考える／松竹伸幸著／かもがわ出版／2021年10月
集団的自衛権の深層―平凡社新書／松竹伸幸著／平凡社／2013年9月
中学生までに読んでおきたい哲学 6（死をみつめて）／松田哲夫編／あすなろ書房／2012年5月
中村哲物語：大地をうるおし平和につくした医師／松島恵利子 著／汐文社／2022年7月
同級生は外国人!?：多文化共生を考えよう 1／松島恵利子編著;吉富志津代監修／汐文社／2018年1月

同級生は外国人!?:多文化共生を考えよう 2／松島恵利子編著;吉富志津代監修／汐文社／2018年3月
同級生は外国人!?:多文化共生を考えよう 3／松島恵利子編著;吉富志津代監修／汐文社／2018年3月
探険と冒険の物語／松島駿二郎著／岩波書店（岩波ジュニア新書）／2010年3月
中高生から始める安全保障の入門書／松島悠佐編著／内外出版／2019年5月
長崎を識らずして江戸を語るなかれ―平凡社新書／松尾龍之介著／平凡社／2011年1月
どうすれば争いを止められるのか：17歳からの紛争解決学／上杉勇司著／WAVE出版／2023年1月
今日からなくそう!食品ロス：わたしたちにできること 1／上村協子監修;幸運社編／汐文社／2020年8月
今日からなくそう!食品ロス：わたしたちにできること 2／上村協子監修;幸運社編／汐文社／2020年9月
今日からなくそう!食品ロス：わたしたちにできること 3／上村協子監修;幸運社編／汐文社／2020年10月
親子で考えるから楽しい!世界で学ばれている性教育 = Education for Human Sexuality：安全、同意、多様性、年齢別で伝えやすい!ユネスコから学ぶ包括的性教育：5歳～18歳年齢別でよくわかる―1時間で一生分の「生きる力」；3／上村彰子 構成・文;田代美江子 監修;大久保ヒロミ まんが&イラスト／講談社／2022年3月
琉球・沖縄：もっと知りたい!くらしや歴史／上里隆史監修／岩崎書店（調べる学習百科）／2020年5月
じいじが迷子になっちゃった：あなたへと続く家族と戦争の物語／城戸久枝著／偕成社／2019年8月
6ヶ月で早慶に受かる超勉強法／城野優著／エール出版社（Yellbooks）／2011年5月
シャーロック・ホームズの愉しみ方―平凡社新書／植村昌夫著／平凡社／2011年9月
国連で働く：世界を支える仕事／植木安弘編著／岩波書店（岩波ジュニア新書）／2023年10月
となりの難民：日本が認めない99％の人たちのSOS／織田朝日著／旬報社／2019年11月
インドの小学校で教えるプログラミングの授業：これならわかる!超入門講座―青春新書INTELLIGENCE／織田直幸著;ジョシ・アシシュ監修／青春出版社／2017年1月
日本にとって沖縄とは何か／新崎盛暉著／岩波書店（岩波新書新赤版）／2016年1月
「領土問題」の論じ方／新崎盛暉著;岡田充著;高原明生著;東郷和彦著;最上敏樹著／岩波書店（岩波ブックレット）／2013年1月
これだけは知っておきたいよねおきなわのこと：少年・少女のためのウチナー総合学習書／新城俊昭著／編集工房東洋企画／2021年3月
日本人はなぜそうしてしまうのか：お辞儀、胴上げ、拍手…の民俗学―青春新書INTELLIGENCE／新谷尚紀著／青春出版社／2012年10月
自転車で行こう／新田穂高著／岩波書店（岩波ジュニア新書）／2011年3月
教師と生徒のための日清・日露・太平洋戦争事典／新藤英晶著／元就出版社／2013年10月
カラー図解ストップ原発 3／新美景子著;飯田哲也監修／大月書店／2012年2月
50カ国語習得法：誰にでもできる、いまからでも間に合う／新名美次著／講談社（ブルーバックス）／2015年11月
裁判所ってどんなところ？：司法の仕組みがわかる本／森炎著／筑摩書房（ちくまプリマー新書）／2016年11月
なぜ日本の教育は間違うのか：復興のための教育学／森口朗著／扶桑社（扶桑社新書）／2012年3月
あなたを閉じこめる「ずるい言葉」：10代から知っておきたい／森山至貴著／WAVE出版／2020年8月
虐殺のスイッチ：一人すら殺せない人が、なぜ多くの人を殺せるのか?―ちくま文庫／森達也著／筑摩書房／2023年7月
たったひとつの「真実」なんてない：メディアは何を伝えているのか?／森達也著／筑摩書房（ちくまプリマー新書）／2014年11月
政治のしくみを知るための日本の府省しごと事典 3／森田朗監修;こどもくらぶ編／岩崎書店／2018年1月
政治のしくみを知るための日本の府省しごと事典 6／森田朗監修;こどもくらぶ編／岩崎書店／2018年3月
戦争はなぜ起こる?どうすれば防げるのか?：歴史と国際社会のしくみから考えよう―楽しい調べ学習シリーズ／森肇志監修／PHP研究所／2023年9月
小学生からのSDGs／深井宣光著;伊藤ハムスターイラスト／KADOKAWA／2021年11月
理科の地図帳 環境・生物編（日本の環境と生物がまるごとわかる）改訂版／神奈川県立生命の星・地球博

物館監修;ザ・ライトスタッフオフィス編／技術評論社（ビジュアルはてなマップ）／2014 年 12 月

世界を読み解く!こどもと学ぶなるほど地政学――DIA Collection／神野正史監修／ダイアプレス／2023 年 1 月

パブリック・スクールと日本の名門校:なぜ彼らはトップであり続けるのか――平凡社新書／秦由美子著／平凡社／2018 年 3 月

〈男文化〉よ、さらば:植民地、戦争、原発を語る／辛淑玉著;富山妙子著／岩波書店（岩波ブックレット）／2013 年 9 月

メンタルヘルス大国アメリカで実証された心がモヤらない練習 = Exercise not to be gloomy that was proved in The U.S. of the mental health powerhouse.—sanctuary books／須田賢太著;まるいがんもマンガ／サンクチュアリ出版／2023 年 2 月

コロナ後の日本経済／須田慎一郎著／エムディエヌコーポレーション（MdN 新書）／2020 年 8 月

一億総下流社会／須田慎一郎著／エムディエヌコーポレーション（MdN 新書）／2022 年 8 月

それ日本と逆!?文化のちがい習慣のちがい 6(アレコレ資料編)／須藤健一監修／学研教育出版／2012 年 2 月

おもしろ大発見!世界スゴすぎ事典／須藤健一監修／池田書店／2020 年 10 月

海と陸をつなぐ進化論:気候変動と微生物がもたらした驚きの共進化／須藤斎著／講談社（ブルーバックス）／2018 年 12 月

夏目漱石と戦争――平凡社新書／水川隆夫著／平凡社／2010 年 6 月

学習まんが歴史で感動!ポーランド孤児を救った日本赤十字社／水谷俊樹原作加来耕三企画・構成・監修;北神諒作画／ポプラ社／2016 年 11 月

台湾の若者を知りたい／水野俊平著／岩波書店（岩波ジュニア新書）／2018 年 5 月

14 歳からの SDGs:あなたが創る未来の地球／水野谷優 編著;國井修 著;井本直歩子 著;林佐和美 著;加藤正寛 著;髙木超 著／明石書店／2022 年 9 月

在日朝鮮人:歴史と現在／水野直樹著;文京洙著／岩波書店（岩波新書新赤版）／2015 年 1 月

エグランタイン・ジェブ――コミック版世界の伝記;54／瑞樹奈穂漫画;村上リコ原作;セーブ・ザ・チルドレン・ジャパン監修／ポプラ社／2023 年 4 月

アガサ・クリスティー／瑞樹奈穂漫画;北澤和彦監修／ポプラ社（コミック版世界の伝記）／2018 年 1 月

難民選手団:オリンピックを目指した 7 人のストーリー／杉田七重文;国連 UNHCR 協会監修;ちーこ絵／KADOKAWA（角川つばさ文庫）／2021 年 7 月

政治的思考／杉田敦著／岩波書店（岩波新書新赤版）／2013 年 1 月

はじめて学ぶ憲法教室 第 2 巻 (人の心に国は立ち入れない)／菅間正道著／新日本出版社／2014 年 11 月

はじめて学ぶ憲法教室 第 4 巻 (憲法 9 条と沖縄)／菅間正道著／新日本出版社／2015 年 2 月

世界を救うパンの缶詰／菅聖子文;やましたこうへい絵／ほるぷ出版／2017 年 10 月

世界遺産ではじめる地理総合:多様な文化とわたしたち／世界遺産検定事務局編著／世界遺産アカデミー/世界遺産検定事務局マイナビ出版／2023 年 3 月

思い出のアメリカテレビ映画:『スーパーマン』から『スパイ大作戦』まで――平凡社新書／瀬戸川宗太著／平凡社／2014 年 2 月

のぶちゃんの戦争体験:富山大空襲／瀬川恵文;石黒しろう絵／文芸社／2015 年 8 月

炎上 CM でよみとくジェンダー論／瀬地山角著／光文社（光文社新書）／2020 年 5 月

戦後日本史の考え方・学び方:歴史って何だろう?-14 歳の世渡り術／成田龍一著／河出書房新社／2013 年 8 月

もしも魔法が使えたら:戦争孤児 11 人の記憶／星野光世著／講談社／2017 年 7 月

いのち／星野昌子文;鈴木耐子絵／NSK 出版／2012 年 7 月

話したい人のための丸ごと覚える厳選英文 100――ディスカヴァー携書／晴山陽一;クリストファー・ベルトン[著]／ディスカヴァー・トゥエンティワン／2014 年 12 月

文法いらずの「単語ラリー」英会話――青春新書 INTELLIGENCE／晴山陽一著／青春出版社／2014 年 4 月

「中学英語」を学び直すイラスト教科書―青春新書 INTELLIGENCE／晴山陽一著／青春出版社／2022年4月

英文法練習帳／晴山陽一著／筑摩書房（ちくまプリマー新書）／2010年8月

英語は「語源×世界史」を知ると面白い―青春新書 INTELLIGENCE／清水建二著／青春出版社／2023年7月

語源×図解くらべて覚える英単語―青春新書 INTELLIGENCE／清水建二著;すずきひろしイラスト／青春出版社／2021年5月

語源×図解もっとくらべて覚える英単語名詞―青春新書 INTELLIGENCE／清水建二著;すずきひろしイラスト／青春出版社／2022年5月

猿橋勝子：女性科学者の先駆者―はじめて読む科学者の伝記／清水洋美文;野見山響子絵／汐文社／2021年3月

ガザ：戦争しか知らないこどもたち／清田明宏著／ポプラ社／2015年5月

農業がわかると、社会のしくみが見えてくる：高校生からの食と農の経済学入門／生源寺眞一著／家の光協会／2010年10月

農学が世界を救う！：食料・生命・環境をめぐる科学の挑戦／生源寺眞一編著;太田寛行編著;安田弘法編著／岩波書店／2017年10月

地球環境がわかる：自然の一員としてどう生きていくか エコを考える現代人必携の入門書 改訂新版／西岡秀三著;宮崎忠國著;村野健太郎著／技術評論社／2015年3月

身近なプラスチックがわかる：暮らしと密接するプラスチックどう付き合うかを考えるための入門書／西田真由美著;岩田忠久監修;齋藤勝裕監修／技術評論社／2020年11月

やさしくわかる食品ロス：捨てられる食べ物を減らすために知っておきたいこと―未来につなげる・みつけるSDGs／西田真由美著;小野崎理香絵／技術評論社／2023年12月

八月九日のサンタクロース：長崎原爆と被爆者：ジュニア平和館／西岡由香マンガと文／凱風社／2010年2月

紛争・対立・暴力：世界の地域から考える―〈知の航海〉シリーズ／西崎文子編著;武内進一編著／岩波書店（岩波ジュニア新書）／2016年10月

新・世界経済入門／西川潤著／岩波書店（岩波新書新赤版）／2014年4月

SDGs時代の国際協力：アジアで共に学校をつくる／西村幹子著;小野道子著;井上儀子著／岩波書店（岩波ジュニア新書）／2021年2月

中国の歴史★現在がわかる本 第1期1／西村成雄監修／かもがわ出版／2017年2月

私たちはどんな世界を生きているか―講談社現代新書／西谷修著／講談社／2020年10月

戦争とは何だろうか／西谷修著／筑摩書房（ちくまプリマー新書）／2016年7月

戦火の子どもたちに学んだこと：アフガン、イラクから福島までの取材ノート―13歳からのあなたへ／西谷文和著／かもがわ出版／2012年7月

シリア情勢：終わらない人道危機／青山弘之著／岩波書店（岩波新書新赤版）／2017年3月

中国航空戦力のすべて：中国のテクノロジーは世界にどれだけ迫っているのか？／青木謙知著／SBクリエイティブ／2015年3月

F-15Jの科学：日本の防空を担う主力戦闘機の秘密／青木謙知著;赤塚聡ほか写真／SBクリエイティブ／2015年10月

ギリシア神話トロイアの書―斉藤洋の「ギリシア神話」；3／斉藤洋文;佐竹美保絵／理論社／2010年3月

世界の美しさをひとつでも多く見つけたい―未来へのトビラ；File No.007／石井光太著／ポプラ社（ポプラ選書）／2019年4月

みんなのチャンス：ぼくと路上の4億人の子どもたち／石井光太著／少年写真新聞社／2014年10月

僕らが世界に出る理由／石井光太著／筑摩書房（ちくまプリマー新書）／2013年7月

おかえり、またあえたね：ストリートチルドレン・トトのものがたり／石井光太文;櫻井敦子絵／東京書籍／2011年2月

戦後日本の経済と社会：平和共生のアジアへ／石原享一著／岩波書店（岩波ジュニア新書）／2015年11

月

熱力学がわかる：何に使えるか分からなければ、意味がない：エネルギー問題の解決に役立つ熱力学／石原敦著;中原真也著／技術評論社／2013年6月
杉原千畝：命のビザ／石崎洋司文;山下和美絵／講談社（講談社火の鳥伝記文庫）／2018年7月
日本軍「慰安婦」にされた少女たち／石川逸子著／岩波書店（岩波ジュニア新書）／2013年11月
漫画家たちのマンガ外交＝MANGA DIPLOMACY：南京大虐殺記念館からはじまった／石川好著／彩流社／2015年7月
いま生きているという冒険 増補新版／石川直樹著／新曜社（よりみちパン!セ）／2019年5月
欧米人の見た開国期日本：異文化としての庶民生活／石川榮吉著／KADOKAWA（角川ソフィア文庫）／2019年9月
〈できること〉の見つけ方：全盲女子大生が手に入れた大切なもの／石田由香理著;西村幹子著／岩波書店（岩波ジュニア新書）／2014年11月
日本人のための「集団的自衛権」入門／石破茂著／新潮社（新潮新書）／2014年2月
中国人留学生教育の父松本亀次郎／石野茂子著／石野茂子／2018年9月
航空自衛隊「装備」のすべて：「槍の穂先」として日本の空を守り抜く／赤塚聡著／SBクリエイティブ／2017年5月
書籍文化の未来：電子本か印刷本か／赤木昭夫著／岩波書店（岩波ブックレット）／2013年6月
なぜか私(ボクワタシ)の成績が上がらない!?と思った時にそっと開く本：千葉の凄腕学習塾講師が贈る100の学習アドバイス／千葉学習塾協同組合編／エール出版社／2017年10月
遠くの人と手をつなぐ：SOSの届け方—世界をカエル10代からの羅針盤／千葉望著／理論社／2023年7月
音とことばのふしぎな世界：メイド声から英語の達人まで／川原繁人著／岩波書店（岩波科学ライブラリー）／2015年11月
ベルリン物語：都市の記憶をたどる—平凡社新書／川口マーン惠美著／平凡社／2010年4月
小惑星探査機「はやぶさ」大図鑑／川口淳一郎監修;池下章裕CGイラストレーション／偕成社／2012年8月
マンガ日本の歴史 8／川口素生監修／成美堂出版／2019年8月
漢詩のレッスン／川合康三著／岩波書店（岩波ジュニア新書）／2014年11月
絵で見てわかる核兵器禁止条約ってなんだろう?／川崎哲監修／旬報社／2021年9月
核兵器はなくせる／川崎哲著／岩波書店（岩波ジュニア新書）／2018年7月
核兵器を禁止する／川崎哲著／岩波書店（岩波ブックレット）／2014年8月
核兵器禁止から廃絶へ／川崎哲著／岩波書店（岩波ブックレット）／2021年12月
僕の仕事は、世界を平和にすること。—探究のDOOR；1／川崎哲著／旬報社／2023年6月
13歳からの平和教室／浅井基文著／かもがわ出版／2010年8月
変わる中国を読む50のキーワード—青春新書INTELLIGENCE／浅井信雄著／青春出版社／2012年11月
これがオリンピックだ：決定版：オリンピズムがわかる100の真実／舛本直文著／講談社／2018年10月
地経学とは何か／船橋洋一著／文藝春秋（文春新書）／2020年2月
地政学入門：外交戦略の政治学 改版／曽村保信著／中央公論新社（中公新書）／2017年7月
13歳からの「くにまもり」／倉山満著／扶桑社（扶桑社新書）／2019年10月
バッチリ身につく英語の学び方／倉林秀男著／筑摩書房（ちくまプリマー新書）／2021年12月
中国、科学技術覇権への野望：宇宙・原発・ファーウェイ／倉澤治雄著／中央公論新社／2020年6月
赤ちゃんと母(ママ)の火の夜／早乙女勝元作;タミヒロコ絵／新日本出版社／2018年2月
プラハの子ども像：ナチス占領下の悲劇／早乙女勝元著／新日本出版社／2018年12月
世界はジョークで出来ている／早坂隆／文藝春秋（文春新書）／2018年6月
音楽で生きる方法：高校生からの音大受験、留学、仕事と将来／相澤真一著;高橋かおり著;坂本光太著;輪湖里奈著／青弓社／2020年11月

声に出してよむ漢詩の名作50：中国語と日本語で愉しむ―平凡社新書／荘魯迅著／平凡社／2013年11月
日本の国際協力がわかる事典：どんな活動をしているの？：災害救助から環境保護まで／造事務所編集・構成牧田東一監修／PHP研究所／2012年2月
同時通訳はやめられない―平凡社新書／袖川裕美著／平凡社／2016年8月
13歳からの日本外交：それって、関係あるの!?／孫崎享著／かもがわ出版／2019年4月
未来をつくるこれからのエコ企業 1(再資源化率97％のリサイクル工場)／孫奈美編著／汐文社／2013年10月
未来をつくるこれからのエコ企業 2(新エネルギーに挑戦海洋温度差発電)／孫奈美編著／汐文社／2013年11月
未来をつくるこれからのエコ企業 3(安全な水を届ける自転車一体型浄水器)／孫奈美編著／汐文社／2013年12月
未来をつくるこれからのエコ企業 4(食料にも燃料にも!?ミドリムシで世界を救う)／孫奈美編著／汐文社／2014年2月
子どもたちが綴った戦争体験：シリーズ戦争 第4巻／村山士郎著／新日本出版社／2021年12月
13歳からの図解でなるほど地政学：世界の「これまで」と「これから」を読み解こう―コツがわかる本．ジュニアシリーズ／村山秀太郎 監修／メイツユニバーサルコンテンツ／2022年12月
中学生から大人までよくわかる中東の世界史／村山秀太郎著／新人物往来社(新人物文庫)／2011年7月
ベルルスコーニの時代：崩れゆくイタリア政治／村上信一郎著／岩波書店(岩波新書新赤版)／2018年2月
客観性の落とし穴／村上靖彦著／筑摩書房(ちくまプリマー新書)／2023年6月
マレットファン：夢のたねまき／村中李衣作／新日本出版社／2016年3月
ジェンダーのとびらを開こう：自分らしく生きるために―未来のわたしにタネをまこう；04／村田晶子 著;森脇健介 著;矢内琴江 著;弓削尚子 著／大和書房／2022年10月
生ごみからエネルギーをつくろう!／多田千佳ぶん;米林宏昌え／農山漁村文化協会／2020年2月
私の職場はサバンナです!―14歳の世渡り術／太田ゆか著;児島衣里イラスト／河出書房新社／2023年5月
サンゴは語る―岩波ジュニアスタートブックス／大久保奈弥著／岩波書店／2021年5月
歴史人物ケンミンバトル：時空を超えて英雄が集結!／大宮耕一文;ジュニアエラ編集部編;森ゆきなつイラスト／朝日新聞出版／2019年7月
世界で活躍する日本人：国際協力のお仕事 1／大橋正明監修／学研教育出版／2012年2月
時代背景から考える日本の6つのオリンピック 1(1940年東京・札幌&1964年東京大会)／大熊廣明監修;稲葉茂勝文／ベースボール・マガジン社／2015年7月
いま、憲法の魂を選びとる／大江健三郎著;奥平康弘著;澤地久枝著;三木睦子著;小森陽一著／岩波書店(岩波ブックレット)／2013年4月
勝てないアメリカ：「対テロ戦争」の日常／大治朋子著／岩波書店(岩波新書新赤版)／2012年9月
100人が語る戦争とくらし 1／大石学監修／学研プラス／2017年2月
100人が語る戦争とくらし 2／大石学監修／学研プラス／2017年2月
戦争体験を「語り」・「継ぐ」：広島|長崎|沖縄:"次世代型"の平和教育／大石学監修／学研プラス／2018年2月
「できごと」と「くらし」から知る戦争の46か月：戦い、日常、文化がわかる／大石学監修;鈴木一史監修／学研プラス／2019年2月
シルクロード歴史と今がわかる事典／大村次郷著／岩波書店(岩波ジュニア新書)／2010年7月
はたらく地雷探知犬／大塚敦子文・写真／講談社(講談社青い鳥文庫)／2011年7月
林家三平のみんなが元気になる英語落語入門―学校寄席に挑戦!／大島希巳江監修;こどもくらぶ編・著／彩流社／2016年1月
世界の片隅で日本国憲法をたぐりよせる／大門正克著／岩波書店(岩波ブックレット)／2023年3月
イラストで学べる政治のしくみ 3(日本の政治と国際社会)／大野一夫著／汐文社／2013年3月
自治体のエネルギー戦略：アメリカと東京／大野輝之著／岩波書店(岩波新書新赤版)／2013年5月

日本のふしぎなぜ?どうして?／大野正人執筆／高橋書店／2017年4月
社会の今を見つめて：TVドキュメンタリーをつくる／大脇三千代著／岩波書店（岩波ジュニア新書）／2012年10月
帝国主義を歴史する―歴史総合パートナーズ；8／大澤広晃著／清水書院／2019年7月
3・11以後何が変わらないのか／大澤真幸著;松島泰勝著;山下祐介著;五十嵐武士著;水野和夫著／岩波書店（岩波ブックレット）／2013年2月
モスクへおいでよ―ノンフィクション・いまを変えるチカラ／瀧井宏臣著／小峰書店／2018年11月
図説『日本書紀』と『宋書』で読み解く!謎の四世紀と倭の五王―青春新書INTELLIGENCE／瀧音能之監修／青春出版社／2018年8月
どう考える?憲法改正 中学生からの「知憲」 1／谷口真由美監修／文溪堂／2017年3月
どう考える?憲法改正 中学生からの「知憲」 2／谷口真由美監修／文溪堂／2017年3月
アンネ・フランクに会いに行く／谷口長世著／岩波書店（岩波ジュニア新書）／2018年7月
鉄道で楽しむアジアの旅―平凡社新書／谷川一巳著／平凡社／2014年6月
図解でわかる14歳からの地政学／鍛治俊樹監修;インフォビジュアル研究所著／太田出版／2019年9月
西洋美術史入門 実践編／池上英洋著／筑摩書房（ちくまプリマー新書）／2014年3月
ヨーロッパ文明の起源：聖書が伝える古代オリエントの世界／池上英洋著／筑摩書房（ちくまプリマー新書）／2017年11月
少女は、なぜフランスを救えたのか：ジャンヌ・ダルクのオルレアン解放／池上俊一著／NHK出版／2023年6月
パスタでたどるイタリア史／池上俊一著／岩波書店（岩波ジュニア新書）／2011年11月
森と山と川でたどるドイツ史／池上俊一著／岩波書店（岩波ジュニア新書）／2015年11月
王様でたどるイギリス史／池上俊一著／岩波書店（岩波ジュニア新書）／2017年2月
情熱でたどるスペイン史／池上俊一著／岩波書店（岩波ジュニア新書）／2019年1月
ヨーロッパ史入門：原形から近代への胎動／池上俊一著／岩波書店（岩波ジュニア新書）／2021年12月
ヨーロッパ史入門：市民革命から現代へ／池上俊一著／岩波書店（岩波ジュニア新書）／2022年1月
フィレンツェ：比類なき文化都市の歴史／池上俊一著／岩波書店（岩波新書赤版）／2018年5月
20歳の自分に教えたい現代史のきほん／池上彰;「池上彰のニュースそうだったのか!!」スタッフ著／SBクリエイティブ（SB新書）／2022年5月
20歳の自分に教えたい地政学のきほん／池上彰;「池上彰のニュースそうだったのか!!」スタッフ著／SBクリエイティブ（SB新書）／2023年5月
池上彰と考える戦争の現代史 1／池上彰監修／ポプラ社／2016年4月
池上彰と考える戦争の現代史 2／池上彰監修／ポプラ社／2016年4月
池上彰と考える戦争の現代史 3／池上彰監修／ポプラ社／2016年4月
池上彰と考える戦争の現代史 4／池上彰監修／ポプラ社／2016年4月
はてな?なぜかしら?国際紛争 改訂版―改訂版!はてな?なぜかしら?国際問題；3／池上彰監修／教育画劇／2016年4月
国際理解につながる宗教のこと 1／池上彰監修／教育画劇／2017年2月
国際理解につながる宗教のこと 2／池上彰監修／教育画劇／2017年4月
国際理解につながる宗教のこと 3／池上彰監修／教育画劇／2017年4月
国際理解につながる宗教のこと 4／池上彰監修／教育画劇／2017年4月
ニュースに出てくる国際組織じてん 1／池上彰監修／彩流社／2016年3月
ニュースに出てくる国際組織じてん 2／池上彰監修／彩流社／2016年3月
ニュースに出てくる国際組織じてん 3／池上彰監修／彩流社／2016年3月
ライブ!現代社会：世の中の動きに強くなる 2020／池上彰監修／帝国書院／2020年2月
ライブ!現代社会：世の中の動きに強くなる 2021／池上彰監修／帝国書院／2021年2月
ライブ!：世の中の動きに強くなる.2023／池上彰監修／帝国書院／2023年2月
ニュースに出てくる国際条約じてん 1(国際組織と領土)／池上彰監修;こどもくらぶ編／彩流社／2015年3

月
ニュースに出てくる国際条約じてん 2（軍事と平和）／池上彰監修；こどもくらぶ編／彩流社／2015 年 3 月
ニュースに出てくる国際条約じてん 3（人権）／池上彰監修;こどもくらぶ編／彩流社／2015 年 3 月
教えて!池上彰さんどうして戦争はなくならないの?：地政学で見る世界.1／池上彰監修／タカダカズヤ本文イラスト／小峰書店／2023 年 4 月
教えて!池上彰さんどうして戦争はなくならないの?：地政学で見る世界.2／池上彰監修／タカダカズヤ本文イラスト／小峰書店／2023 年 4 月
教えて!池上彰さんどうして戦争はなくならないの?：地政学で見る世界.3／池上彰監修／タカダカズヤ本文イラスト／小峰書店／2023 年 4 月
池上彰のこれだけは知っておきたい!消費税のしくみ 3（世界の消費税）／池上彰監修;稲葉茂勝文／ポプラ社／2014 年 4 月
池上彰の現代史授業：21 世紀を生きる若い人たちへ 昭和編 1（昭和二十年代戦争と復興）／池上彰監修・著／ミネルヴァ書房／2014 年 9 月
池上彰の現代史授業：21 世紀を生きる若い人たちへ 昭和編 4（昭和五十・六十年代ゆらぐ成長神話）／池上彰監修・著／ミネルヴァ書房／2014 年 12 月
池上彰の現代史授業：21 世紀を生きる若い人たちへ 平成編 2（20 世紀の終わり EU 誕生・日本の新時代）／池上彰監修・著／ミネルヴァ書房／2015 年 2 月
池上彰の現代史授業：21 世紀を生きる若い人たちへ 平成編 3（21 世紀はじめの十年 9・11 と世界の危機）／池上彰監修・著／ミネルヴァ書房／2015 年 3 月
池上彰の現代史授業：21 世紀を生きる若い人たちへ 平成編 4（平成二十年代世界と日本の未来へ）／池上彰監修・著／ミネルヴァ書房／2015 年 3 月
高校生からわかるイスラム世界：池上彰の講義の時間／池上彰著／ホーム社／2010 年 9 月
高校生からわかる原子力―池上彰の講義の時間／池上彰著／ホーム社／2012 年 5 月
池上彰の世界の見方＝Akira Ikegami,How To See the World：15 歳に語る現代世界の最前線／池上彰著／小学館／2015 年 11 月
池上彰の世界の見方＝Akira Ikegami,How To See the World アメリカ／池上彰著／小学館／2016 年 4 月
池上彰の世界の見方＝Akira Ikegami,How To See the World 中国・香港・台湾／池上彰著／小学館／2016 年 11 月
池上彰の世界の見方＝Akira Ikegami,How To See the World 中東／池上彰著／小学館／2017 年 8 月
池上彰の世界の見方＝Akira Ikegami,How To See the World ドイツと EU／池上彰著／小学館／2017 年 11 月
池上彰の世界の見方＝Akira Ikegami,How To See the World ドイツと EU／池上彰著／小学館／2017 年 11 月
池上彰の世界の見方＝Akira Ikegami,How To See the World 朝鮮半島／池上彰著／小学館／2018 年 4 月
池上彰の世界の見方＝Akira Ikegami,How To See the World ロシア／池上彰著／小学館／2018 年 11 月
池上彰の世界の見方＝Akira Ikegami,How To See the World 東南アジア／池上彰著／小学館／2019 年 4 月
池上彰の世界の見方＝Akira Ikegami,How To See the World イギリスと EU／池上彰著／小学館／2019 年 12 月
池上彰の世界の見方＝Akira Ikegami,How To See the World インド／池上彰著／小学館／2020 年 7 月
池上彰の世界の見方＝Akira Ikegami,How To See the World アメリカ 2／池上彰著／小学館／2021 年 3 月
池上彰の世界の見方＝Akira Ikegami,How To See the World 中国／池上彰著／小学館／2021 年 10 月
池上彰の世界の見方＝Akira Ikegami,How To See the World 東欧・旧ソ連の国々／池上彰著／小学館／2022 年 4 月
池上彰の世界の見方＝Akira Ikegami,How To See the World 中南米／池上彰著／小学館／2022 年 12 月
池上彰の世界の見方＝Akira Ikegami,How To See the World 北欧／池上彰著／小学館／2023 年 8 月

池上彰の世界の見方 ＝Akira Ikegami,How To See the World. 北欧／池上彰著／小学館／2023 年 8 月
なぜ世界を知るべきなのか／池上彰著／小学館（小学館 YouthBooks）／2021 年 7 月
世界から戦争がなくならない本当の理由／池上彰著／祥伝社（祥伝社新書）／2019 年 8 月
池上彰の憲法入門／池上彰著／筑摩書房（ちくまプリマー新書）／2013 年 10 月
池上彰の宗教がわかれば世界が見える／池上彰著／文藝春秋（文春新書）／2011 年 7 月
池上彰の「ニュース、そこからですか!?」／池上彰著／文藝春秋（文春新書）／2012 年 3 月
ニッポンの大問題：池上流・情報分析のヒント 44／池上彰著／文藝春秋（文春新書）／2014 年 3 月
教えて！池上さん：最新ニュース解説／池上彰著／毎日新聞社／2011 年 7 月
教えて！池上さん：最新ニュース解説 2／池上彰著／毎日新聞社／2013 年 3 月
池上彰の君と考える戦争のない未来―世界をカエル 10 代からの羅針盤／池上彰著／理論社／2021 年 5 月
池上彰のよくわかる世界の宗教 キリスト教／池上彰著;こどもくらぶ編／丸善出版／2016 年 11 月
世界の言葉で「ありがとう」ってどう言うの?／池上彰著;稲葉茂勝著／今人舎／2012 年 8 月
知らなきゃよかった：予測不能時代の新・情報術／池上彰著;佐藤優著／文藝春秋（文春新書）／2018 年 8 月
無敵の読解力／池上彰著;佐藤優著／文藝春秋（文春新書）／2021 年 12 月
世界史で読み解く現代ニュース 宗教編―未来へのトビラ；File No.006／池上彰著;増田ユリヤ著／ポプラ社（ポプラ選書）／2019 年 4 月
世界史で読み解く現代ニュース 宗教編／池上彰著;増田ユリヤ著／ポプラ社（ポプラ選書.未来へのトビラ）／2019 年 4 月
怖いくらい通じるカタカナ英語の法則：ネット対応版 ネイティブも認めた画期的発音術／池谷裕二著／講談社（ブルーバックス）／2016 年 10 月
感染症と人類の歴史：公衆衛生／池田光穂監修;おおつかのりこ文;合田洋介絵／文研出版／2021 年 12 月
この思いを聞いてほしい！：10 代のメッセージ／池田香代子編著／岩波書店（岩波ジュニア新書）／2014 年 9 月
科学者と戦争／池内了著／岩波書店／2016 年 6 月
科学者と軍事研究／池内了著／岩波書店／2017 年 12 月
韓国内なる分断：葛藤する政治、疲弊する国民―平凡社新書／池畑修平著／平凡社／2019 年 7 月
世界を平和にするためのささやかな提案―14 歳の世渡り術／池澤春菜著;伊勢﨑賢治著;上坂すみれ著;加古里子著;香山リカ著;木村草太著;黒柳徹子著;小島慶子著;最果タヒ著;サヘル・ローズ著;島田裕巳著;辛酸なめ子著;竹内薫著;田中優著;徳永進著;永江朗著;中川翔子著;春香クリスティーン著;文月悠光著;山極寿一著;山本敏晴著;ヨシタケシンスケ著／河出書房新社／2015 年 5 月
英語は「リズム」で 9 割通じる！―青春新書 INTELLIGENCE／竹下光彦著／青春出版社／2013 年 4 月
女性を活用する国、しない国／竹信三恵子著／岩波書店（岩波ブックレット）／2010 年 9 月
通貨「円」の謎／竹森俊平著／文藝春秋（文春新書）／2013 年 5 月
千春先生の平和授業 2011〜2012（未来は子どもたちがつくる）／竹中千春著／朝日学生新聞社／2012 年 6 月
培養肉とは何か?／竹内昌治著;日比野愛子著／岩波書店（岩波ブックレット）／2022 年 12 月
ネルソン・マンデラ ＝Nelson Mandela：アパルトヘイトを終焉させた英雄：政治家・黒人解放運動家〈南アフリカ〉―ちくま評伝シリーズ〈ポルトレ〉／筑摩書房編集部著／筑摩書房／2014 年 9 月
ワンガリ・マータイ ＝Wangari Muta Maathai：「MOTTAINAI」で地球を救おう：環境保護運動家〈ケニア〉―ちくま評伝シリーズ〈ポルトレ〉／筑摩書房編集部著／筑摩書房／2014 年 12 月
数字のウソを見破る／中原英臣;佐川峻著／PHP 研究所（PHP 新書）／2010 年 1 月
未来につなごう身近ないのち：あなたに考えてほしいこと―よくわかる生物多様性；1／中山れいこ著;中井克樹監修／くろしお出版／2010 年 10 月
国境は誰のためにある?：境界地域サハリン・樺太―歴史総合パートナーズ；10／中山大将著／清水書院／2019 年 12 月
スポーツでひろげる国際理解 3／中西哲生監修／文溪堂／2018 年 2 月

スポーツでひろげる国際理解 1／中西哲生監修／文溪堂／2018年3月
スポーツでひろげる国際理解 2／中西哲生監修／文溪堂／2018年3月
スポーツでひろげる国際理解 4／中西哲生監修／文溪堂／2018年3月
スポーツでひろげる国際理解 5／中西哲生監修／文溪堂／2018年3月
ドイツ機甲軍団：壮烈!! 復刻版―ジャガーバックス／中西立太文;菊池晟監修／復刊ドットコム／2017年2月
人類と気候の10万年史：過去に何が起きたのか、これから何が起こるのか／中川毅著／講談社（ブルーバックス）／2017年2月
WTO：貿易自由化を超えて／中川淳司著／岩波書店（岩波新書新赤版）／2013年3月
教養として学んでおきたいギリシャ神話／中村圭志著／マイナビ出版（マイナビ新書）／2021年2月
難民に希望の光を 真の国際人緒方貞子の生き方／中村恵 著／平凡社／2022年2月
英語のハノン. フレーズ編／中村佐知子著;横山雅彦著／筑摩書房／2023年2月
日本の食糧が危ない／中村靖彦著／岩波書店（岩波新書新赤版）／2011年5月
ルワンダに教育の種を：内戦を生き抜いた女性・マリールイズの物語／中地フキコ著／かもがわ出版／2011年6月
正しく理解する気候の科学：論争の原点にたち帰る／中島映至著;田近英一著／技術評論社／2013年2月
海のよごれは、みんなのよごれ海洋ごみ問題を考えよう! 2／中嶋亮太監修／教育画劇／2021年4月
海のよごれは、みんなのよごれ海洋ごみ問題を考えよう! 1／中嶋亮太監修;ララ・ホーソーン著・イラスト;新沢としひこ翻訳／教育画劇／2021年2月
海洋プラスチック汚染：「プラなし」博士、ごみを語る／中嶋亮太著／岩波書店（岩波科学ライブラリー）／2019年9月
子どもたちよ!：きみに伝える私の戦争／中日新聞編集局編／中日新聞社／2015年12月
未来をつくるあなたへ／中満泉著／岩波書店（岩波ジュニアスタートブックス）／2021年3月
危機の現場に立つ／中満泉著／講談社／2017年7月
中国のエリート高校生日本滞在記／張雲裳;人見豊編著／日本僑報社／2011年10月
海を越える日本文学／張競著／筑摩書房（ちくまプリマー新書）／2010年12月
昭和天皇にあいたい 3／朝戸りょう著／こばやし将著／ふるさと日本プロジェクト／2015年12月
今解き教室サイエンス：JSEC junior：未来の科学技術を考える：入試にも役立つ教材 vol.3(2020)／朝日新聞著／朝日新聞社／2020年7月
大人になったらしたい仕事：「好き」を仕事にした35人の先輩たち 3／朝日中高生新聞編集部編著／朝日学生新聞社／2019年8月
長沼毅の世界は理科でできている エネルギー／長沼毅監修／ほるぷ出版／2014年2月
はじめよう!ボランティア 4／長沼豊監修／廣済堂あかつき／2018年3月
いのる／長倉洋海著／アリス館／2016年9月
私のフォト・ジャーナリズム：戦争から人間へ―平凡社新書／長倉洋海著／平凡社／2010年11月
13歳から考える戦争入門：なぜ、戦争はなくならないのか？／長谷川敦著;増田ユリヤ監修;かみゆ歴史編集部編／旬報社／2023年12月
文学部で読む日本国憲法／長谷川櫂著／筑摩書房（ちくまプリマー新書）／2016年8月
朝鮮半島がわかる本 2（近代から第二次世界大戦まで）／長田彰文監修／津久井惠文／かもがわ出版／2015年12月
朝鮮半島がわかる本 3（第二次世界大戦後現在まで）／長田彰文監修;津久井惠文／かもがわ出版／2016年2月
「推し」の文化論：BTSから世界とつながる／鳥羽和久著／晶文社／2023年3月
なんで英語、勉強すんの?／鳥飼玖美子著／岩波書店（岩波ジュニアスタートブックス）／2021年9月
異文化コミュニケーション学／鳥飼玖美子著／岩波書店（岩波新書新赤版）／2021年7月
10代と語る英語教育：民間試験導入延期までの道のり／鳥飼玖美子著／筑摩書房（ちくまプリマー新書）／2020年8月

すべて分析化学者がお見通しです!:薬物から環境まで微量でも検出するスゴ腕の化学者／津村ゆかり著;立木秀尚著;高山透著;堀野善司著／技術評論社／2011年3月
まるわかり近現代史／津野田興一著／文藝春秋(文春新書)／2022年12月
これからのエネルギー／槌屋治紀著／岩波書店(岩波ジュニア新書)／2013年6月
領土を考える 1／塚本孝監修／かもがわ出版／2012年11月
理系のための研究生活ガイド:テーマの選び方から留学の手続きまで 第2版／坪田一男著／講談社(ブルーバックス)／2010年2月
社会の真実の見つけかた／堤未果著／岩波書店(岩波ジュニア新書)／2011年2月
〈株〉貧困大国アメリカ／堤未果著／岩波書店(岩波新書 新赤版)／2013年6月
ルポ食が壊れる:私たちは何を食べさせられるのか?／堤未果著／文藝春秋(文春新書)／2022年12月
世界の歴史大年表:ビジュアル版／定延由紀訳;李聖美訳;中村佐千江訳;伊藤理子訳／創元社／2020年3月
明解世界史図説エスカリエ 4訂版／帝国書院編集部編／帝国書院／2012年2月
最新世界史図説タペストリー 10訂版／帝国書院編集部編;川北稔監修;桃木至朗監修／帝国書院／2012年2月
日本と世界の領土―帝国書院地理シリーズ；別巻／帝国書院編集部編集／帝国書院／2016年2月
科学的トレーニングで英語力は伸ばせる!／田浦秀幸著／マイナビ出版／2016年1月
ヒロシマ、ナガサキ、フクシマ:原子力を受け入れた日本／田口ランディ著／筑摩書房(ちくまプリマー新書)／2011年9月
トットちゃんと訪ねた子どもたち:撮り続けて三十五年:フォトエッセイ／田沼武能著／岩波書店(岩波ブックレット)／2021年10月
岩村昇:ネパールの人々と共に歩んだ医師─ひかりをかかげて／田村光三著／日本キリスト教団出版局／2013年9月
世界の国ぐに大図鑑―まっぷるキッズ／田代博監修／昭文社／2020年7月
〈意味順〉英作文のすすめ／田地野彰著／岩波書店(岩波ジュニア新書)／2011年3月
世界が広がる英文読解／田中健一著／岩波書店(岩波ジュニア新書)／2023年7月
13歳からの地政学:カイゾクとの地球儀航海／田中孝幸著／東洋経済新報社／2022年3月
グローバリゼーションの中の江戸―〈知の航海〉シリーズ／田中優子著／岩波書店(岩波ジュニア新書)／2012年6月
幸せを届けるボランティア不幸を招くボランティア―14歳の世渡り術／田中優著／河出書房新社／2010年7月
地球温暖化:電気の話と、私たちにできること／田中優著／扶桑社(扶桑社新書)／2021年9月
いますぐ考えよう!未来につなぐ資源・環境・エネルギー 2(石油エネルギーを考える)／田中優著;山田玲司画／岩崎書店／2012年4月
いますぐ考えよう!未来につなぐ資源・環境・エネルギー 3(エネルギーの自給自足を考える)／田中優著;山田玲司画／岩崎書店／2012年4月
モーツァルトの台本作者:ロレンツォ・ダ・ポンテの生涯―平凡社新書／田之倉稔著／平凡社／2010年8月
ビジュアル宇宙をさぐる! 5(これからの宇宙開発)／渡部潤一監修／ポプラ社／2012年3月
ぼくは戦場カメラマン／渡部陽一著／角川書店(角川つばさ文庫)／2012年2月
戦場カメラマン渡部陽一が見た世界 1(学校)／渡部陽一写真・文／くもん出版／2015年1月
戦場カメラマン渡部陽一が見た世界 2(家族)／渡部陽一写真・文／くもん出版／2015年2月
戦場カメラマン渡部陽一が見た世界 3(友だち)／渡部陽一写真・文／くもん出版／2015年2月
マイクロアグレッションを吹っ飛ばせ:やさしく学ぶ人権の話／渡辺雅之著／高文研／2021年11月
三国志が好き!／渡邉義浩著／岩波書店(岩波ジュニアスタートブックス)／2023年4月
核廃絶へのメッセージ:被曝地の一角から／土山秀夫著／日本ブックエース(平和文庫)／2011年6月
あの日を忘れない:語り継ぎたい戦争の記憶／土川まどか語り部取材・文／サンライズ出版／2019年3月
みんなの民俗学:ヴァナキュラーってなんだ?―平凡社新書／島村恭則著／平凡社／2020年11月

宗教の地政学／島田裕巳著／エムディエヌコーポレーション（MdN新書）／2022年10月
日本の戦争と動物たち 1／東海林次男著／汐文社／2017年11月
日本の戦争と動物たち 2／東海林次男著／汐文社／2018年3月
語り伝える東京大空襲：ビジュアルブック 第1巻（戦争・空襲への道）／東京大空襲・戦災資料センター編;早乙女勝元監修／新日本出版社／2010年12月
語り伝える東京大空襲：ビジュアルブック 第2巻（はじめて米軍機が頭上に）／東京大空襲・戦災資料センター編;早乙女勝元監修／新日本出版社／2011年1月
語り伝える東京大空襲：ビジュアルブック 第5巻（いのちと平和の尊さを）／東京大空襲・戦災資料センター編;早乙女勝元監修／新日本出版社／2011年3月
世界史のミュージアム ＝Museum of World History：歴史風景館／東京法令出版教育事業推進部編／東京法令出版／2019年3月
世界史のミュージアム：歴史風景館［2020］／東京法令出版教育事業推進部編集／東京法令出版／2020年12月
めざせ国際科学オリンピック！―東京理科大学坊っちゃん科学シリーズ；8／東京理科大学出版センター編;渡辺正共著;秋山仁共著;北原和夫共著;松田良一共著;齋藤淳一共著;谷聖一共著／東京書籍／2014年4月
太陽エネルギーがひらく未来―東京理科大学坊ちゃん科学シリーズ；1／東京理科大学出版センター編著／東京書籍／2012年6月
「中国残留婦人」を知っていますか／東志津著／岩波書店（岩波ジュニア新書）／2011年8月
世界史を変えた詐欺師たち／東谷暁著／文藝春秋（文春新書）／2018年7月
金融政策入門／湯本雅士著／岩波書店（岩波新書新赤版）／2013年10月
街路樹は問いかける：温暖化に負けない〈緑〉のインフラ／藤井英二郎著;海老澤清也著;當内匡著;水眞洋子著／岩波書店（岩波ブックレット）／2021年8月
環境技術で働く―なるにはbooks；補巻 11／藤井久子著／ぺりかん社／2012年2月
アオギリのいのち：被爆樹木二世と歩んだ学校の軌跡／藤井健太郎文;秦さやか絵;田中博之監修／三恵社／2019年9月
わたしを最後にして：ナチスの障害者虐殺と優生思想／藤井克徳著／合同出版／2018年9月
めぐみの森／藤原幸一しゃしん・ぶん／新日本出版社／2019年4月
地雷をふんだゾウ／藤原幸一写真・文／岩崎書店／2014年11月
地球の危機をさけぶ生きものたち 1／藤原幸一写真・文／少年写真新聞社／2017年12月
地球の危機をさけぶ生きものたち 2／藤原幸一写真・文／少年写真新聞社／2018年1月
世界の絶滅危機動物大研究：このままで生き残れるの？：オランウータンからラッコまで／藤原幸一著／PHP研究所／2013年3月
世界の教科書でよむ〈宗教〉／藤原聖子著／筑摩書房（ちくまプリマー新書）／2011年7月
幕末姫 桜の章／藤咲あゆな作マルイノ絵／集英社（集英社みらい文庫）／2019年8月
世界の国旗がわかる―ドラえもんの学習シリーズ．ドラえもんの社会科おもしろ攻略／藤子・F・不二雄キャラクター原作／小学館／2015年6月
フジモリ式建築入門／藤森照信著／筑摩書房（ちくまプリマー新書）／2011年9月
「ネイティブ発音」科学的上達法：おどろきのストレッチ式発声術／藤田佳信著／講談社（ブルーバック）／2014年9月
日本は世界で何番目？2／藤田千枝編／大月書店／2013年12月
バブル経済とは何か―平凡社新書／藤田勉著／平凡社／2018年9月
漢字文化の世界／藤堂明保著／KADOKAWA（角川ソフィア文庫）／2020年3月
空の星になって見守っているよ／藤野絹子著／橘歌書房／2020年8月
今こそ考えよう！エネルギーの危機 2／藤野純一総監修／文溪堂／2012年3月
今こそ考えよう！エネルギーの危機 3／藤野純一総監修／文溪堂／2012年3月
今こそ考えよう！エネルギーの危機 4／藤野純一総監修／文溪堂／2012年3月
話す・聞く・つながるコミュニケーション上手になろう！2／藤野博監修;松井晴美イラスト／旬報社／2021

年1月

マンガ生物学に強くなる：細胞、DNAから遺伝子工学まで／堂嶋大輔作;渡邊雄一郎監修／講談社（ブルーバックス）／2014年7月

値段がわかれば社会がわかる：はじめての経済学／徳田賢二著／筑摩書房（ちくまプリマー新書）／2021年2月

14歳からのパレスチナ問題：これだけは知っておきたいパレスチナ・イスラエルの120年／奈良本英佑著／合同出版／2017年6月

和解は可能か：日本政府の歴史認識を問う／内田雅敏著／岩波書店（岩波ブックレット）／2015年8月

靖国参拝の何が問題か—平凡社新書／内田雅敏著／平凡社／2014年8月

4つの視点から考える戦争と平和：被害・加害・戦争推進協力・反戦抵抗／内田準吉著／ウインかもがわ（平和学習の本）／2019年4月

教えて!タリバンのこと：世界の見かたが変わる緊急講座—MSLive!BOOKS／内藤正典著／ミシマ社／2022年3月

トルコから世界を見る：ちがう国の人と生きるには?／内藤正典著／筑摩書房（ちくまQブックス）／2022年10月

世界史で深まるクラシックの名曲—青春新書INTELLIGENCE／内藤博文著／青春出版社／2022年2月

世界史で読み解く名画の秘密—青春新書INTELLIGENCE／内藤博文著／青春出版社／2022年9月

アフガニスタン勇気と笑顔 新版／内堀タケシ写真・文／国土社／2020年11月

童謡詩人野口雨情ものがたり—ジュニア・ノンフィクション／楠木しげお作坂道なつ絵／銀の鈴社／2010年8月

新コンパクト地図帳 2021-2022 改訂版／二宮書店編集部著／二宮書店／2021年3月

高校生のための国際政治経済：都心で学ぼう 3／二松学舎大学国際政治経済学部編／戎光祥出版／2016年11月

環境を考えるBOOK 7—考える×続けるシリーズ／日能研教務部企画・編集／日能研／2016年4月

SDGs〈世界の未来を変えるための17の目標〉2030年までのゴール／日能研教務部企画・編集／日能研／2017年8月

SDGs〈世界の未来を変えるための17の目標〉2030年までのゴール 改訂新版／日能研教務部企画・編集／日能研／2020年11月

日本と世界のしくみがわかる!よのなかマップ 新版／日能研編;日本経済新聞出版社編／日本経済新聞出版社／2014年10月

空気中に浮遊する放射性物質の疑問25：放射性エアロゾルとは—みんなが知りたいシリーズ;6／日本エアロゾル学会編;五十嵐康人著;長田直之著;福津久美子著／成山堂書店／2017年12月

読み聞かせる戦争 新装版／日本ペンクラブ編加賀美幸子選／光文社／2015年7月

知っていますか?SDGs：ユニセフとめざす2030年のゴール：世界の未来を変える17の目標"SDGs"入門書／日本ユニセフ協会著／さ・え・ら書房／2018年9月

中学校たのしい劇脚本集：英語劇付 1／日本演劇教育連盟編／国土社／2010年12月

中学校たのしい劇脚本集：英語劇付 2／日本演劇教育連盟編／国土社／2011年2月

中学校たのしい劇脚本集：英語劇付 3／日本演劇教育連盟編／国土社／2011年3月

国際化学オリンピックに挑戦! 1／日本化学会化学オリンピック支援委員会監修;日本化学会化学グランプリ・オリンピック委員会オリンピック小委員会監修;国際化学オリンピックOBOG会編集／朝倉書店／2019年5月

国際化学オリンピックに挑戦! 2／日本化学会化学オリンピック支援委員会監修;日本化学会化学グランプリ・オリンピック委員会オリンピック小委員会監修;国際化学オリンピックOBOG会編集／朝倉書店／2019年5月

国際化学オリンピックに挑戦! 3／日本化学会化学オリンピック支援委員会監修;日本化学会化学グランプリ・オリンピック委員会オリンピック小委員会監修;国際化学オリンピックOBOG会編集／朝倉書店／2019年5月

国際化学オリンピックに挑戦!4／日本化学会化学オリンピック支援委員会監修;日本化学会化学グランプリ・オリンピック委員会オリンピック小委員会監修;国際化学オリンピックOBOG会編集／朝倉書店／2019年5月

国際化学オリンピックに挑戦!5／日本化学会化学オリンピック支援委員会監修;日本化学会化学グランプリ・オリンピック委員会オリンピック小委員会監修;国際化学オリンピックOBOG会編集／朝倉書店／2019年5月

海水の疑問50―みんなが知りたいシリーズ;4／日本海水学会編;上ノ山周編著／成山堂書店／2017年9月

地球をめぐる不都合な物質：拡散する化学物質がもたらすもの／日本環境化学会編著／講談社（ブルーバックス）／2019年6月

Story 日本の歴史 増補版／日本史教育研究会編／山川出版社／2011年12月

わたしたちの戦争体験 4（疎開）／日本児童文芸家協会著;田代脩監修／学研教育出版／2010年2月

わたしたちの戦争体験 5（空襲）／日本児童文芸家協会著;田代脩監修／学研教育出版／2010年2月

わたしたちの戦争体験 6（沖縄）／日本児童文芸家協会著;田代脩監修／学研教育出版／2010年2月

感動する仕事!泣ける仕事!：お仕事熱血ストーリー 第2期 5（小さな一歩が世界を変える）／日本児童文芸家協会編集／学研教育出版／2012年2月

戦争といのちと聖路加国際病院ものがたり／日野原重明著／小学館／2015年9月

友情の輪パプアニューギニアの人たちと―はじめてのノンフィクションシリーズ／日野多香子文／佼成出版社／2017年9月

決定版日中戦争／波多野澄雄著;戸部良一著;松元崇著;庄司潤一郎著;川島真著／新潮社（新潮新書）／2018年11月

憲法九条は私たちの安全保障です。／梅原猛著;大江健三郎著;奥平康弘著;澤地久枝著;鶴見俊輔著;池田香代子著;金泳鎬著;阪田雅裕著／岩波書店（岩波ブックレット）／2015年1月

六千人の命を救え!外交官・杉原千畝―PHP心のノンフィクション／白石仁章著／PHP研究所／2014年8月

ファッションの仕事で世界を変える：エシカル・ビジネスによる社会貢献／白木夏子著／筑摩書房（ちくまプリマー新書）／2021年9月

未来を変える目標：SDGsアイデアブック／畠山重篤著;スギヤマカナヨ絵／ThinktheEarth／2018年5月

まいごのねこ：ほんとうにあった、難民のかぞくのおはなし／畠山重篤著;スギヤマカナヨ絵／岩崎書店／2018年5月

人の心に木を植える：「森は海の恋人」30年／畠山重篤著;スギヤマカナヨ絵／講談社／2018年5月

鉄は魔法つかい：命と地球をはぐくむ「鉄」物語／畠山重篤著;スギヤマカナヨ絵／小学館／2011年6月

キャリア教育に活きる!仕事ファイル：センパイに聞く 8／畠山重篤著;スギヤマカナヨ絵／小峰書店／2018年4月

世界の国名地名うんちく大全―平凡社新書／八幡和郎著／平凡社／2010年12月

世界の王室うんちく大全―平凡社新書／八幡和郎著／平凡社／2013年6月

僕たちの国の自衛隊に21の質問／半田滋著／講談社／2014年10月

父から子に伝えたい戦争の歴史／半藤一利著／SBクリエイティブ（SB新書）／2022年6月

歴史に「何を」学ぶのか／半藤一利著／筑摩書房（ちくまプリマー新書）／2017年8月

戦争と人びとの暮らし：1926〜1945. 下―半藤先生の「昭和史」で学ぶ非戦と平和／半藤一利著／平凡社／2023年6月

21世紀の戦争論：昭和史から考える／半藤一利著;佐藤優著／文藝春秋（文春新書）／2016年5月

焼けあとのちかい／半藤一利文;塚本やすし絵／大月書店／2019年7月

なぜ必敗の戦争を始めたのか：陸軍エリート将校反省会議／半藤一利編・解説／文藝春秋（文春新書）／2019年2月

世の中を知る、考える、変えていく：高校生からの社会科学講義／飯田高編;近藤絢子編;砂原庸介編;丸山里美編／有斐閣／2023年7月

見学!自然エネルギー大図鑑 1（太陽光・風力発電）／飯田哲也監修／偕成社／2012年3月

見学!自然エネルギー大図鑑 2(地熱・小水力発電ほか)／飯田哲也監修／偕成社／2012年4月
見学!自然エネルギー大図鑑 3(バイオマス・温度差発電ほか)／飯田哲也監修／偕成社／2012年4月
外交官になるには―なるにはBOOKS；23／飯島一孝 著／ぺりかん社／2022年2月
被爆医師のヒロシマ：21世紀を生きる君たちに／肥田舜太郎著／新日本出版社／2013年7月
学研英語ノートパーフェクト 4／樋口忠彦監修／学研教育出版／2010年2月
13歳にもわかるキリスト教―キリスト教スタディーブック・シリーズ；4／美濃部信著／新教出版社／
　2016年1月
小惑星探査機はやぶさくんの冒険：7年間の奇跡―学習漫画SCIENCE／柊ゆたか漫画;黒沢翔シナリオ;小
　野瀬直美;奥平恭子原作;吉川真監修／集英社／2011年6月
世界に感動をあたえた日本人 上／評論社編集／評論社／2017年4月
死に至る地球経済／浜矩子／岩波書店（岩波ブックレット）／2010年9月
地球経済のまわり方／浜矩子著／筑摩書房（ちくまプリマー新書）／2014年4月
「共に生きる」ための経済学―平凡社新書／浜矩子著／平凡社／2020年9月
東大・京大・難関国公立大医学部合格への英語／富澤利之著／エール出版社（Yellbooks）／2010年7月
四字熟語の中国史／冨谷至著／岩波書店（岩波新書赤版）／2012年2月
国境の日本史／武光誠著／文藝春秋（文春新書）／2013年9月
ブラジル人の処世術：ジェイチーニョの秘密―平凡社新書／武田千香著／平凡社／2014年6月
「桶狭間」は経済戦争だった：戦国史の謎は「経済」で解ける―青春新書INTELLIGENCE／武田知弘著
　／青春出版社／2014年6月
ビートルズは音楽を超える―平凡社新書／武藤浩史著／平凡社／2013年7月
海の中から地球を考える：プロダイバーが伝える気候危機／武本匡弘著／汐文社／2021年11月
「英語のなぜ?」がわかる図鑑：学校の先生も答えられない―青春新書INTELLIGENCE／伏木賢一監修
　／青春出版社／2020年7月
産業社会と人間：よりよき高校生活のために 3訂版／服部次郎編著／学事出版／2014年2月
地球の危機図鑑：滅亡させないために知っておきたい12のこと／福士謙介 監修;江守正多 ほか 取材協力
　／学研プラス／2022年2月
英詩のこころ／福田昇八著／岩波書店（岩波ジュニア新書）／2014年1月
12歳のキミに語る憲法：その秘めた「ちから」を見直そう／福島みずほ編／岩崎書店／2012年1月
17歳のあなたへ／福峯静香著／療育ファミリーサポートほほえみ／2013年12月
新・韓国現代史／文京洙著／岩波書店（岩波新書新赤版）／2015年12月
新渡戸稲造／文月鉄郎漫画;藤井茂監修／ポプラ社（コミック版世界の伝記）／2019年5月
異常気象図鑑／平井信行監修／金の星社／2021年12月
夜が明けて：わたしと大阪大空襲／平岡潤絵と文／文芸社／2018年5月
食べものから学ぶ世界史：人も自然も壊さない経済とは?／平賀緑著／岩波書店（岩波ジュニア新書）／
　2021年7月
裏読み世界遺産／平山和充著／筑摩書房（ちくまプリマー新書）／2010年10月
あぁ、お父さんお母さん：中国に残された日本人戦争孤児の物語／平風七文;小山道子切り絵;小野順絵／太
　陽への道社（緑新書）／2021年7月
命ある限り：劇「関東大震災-命ある限り-」は、こうして生まれた／平風七文・編;小野順絵／太陽への道
　社（緑新書）／2014年9月
人種主義の歴史／平野千果子著／岩波書店（岩波新書新赤版）／2022年5月
遊動論：柳田国男と山人／柄谷行人著／文藝春秋（文春新書）／2014年1月
その笑顔の向こう側：シリーズ知ってほしい!世界の子どもたち 1／米倉史隆写真・文／新日本出版社／
　2017年10月
シリーズ知ってほしい!世界の子どもたち-その笑顔の向こう側 2／米倉史隆写真・文／新日本出版社／2017
　年11月
第一次世界大戦はなぜ始まったのか／別宮暖朗著／文藝春秋（文春新書）／2014年7月

新冷戦時代の超克:「持たざる国」日本の流儀／片山杜秀著／新潮社（新潮新書）／2019年2月
11人の考える日本人：吉田松陰から丸山眞男まで／片山杜秀著／文藝春秋（文春新書）／2023年2月
中学生にわかる民事訴訟の仕組み 増補／弁護士五右衛門著／オブアワーズ／2017年6月
海は地球のたからもの 1／保坂直紀著／ゆまに書房／2019年11月
海は地球のたからもの 2／保坂直紀著／ゆまに書房／2020年2月
海は地球のたからもの 3／保坂直紀著／ゆまに書房／2020年3月
海まるごと大研究 5(海とともにくらすにはどうすればいい?)／保坂直紀著;こどもくらぶ編集／講談社／2016年2月
昭和史のかたち／保阪正康著／岩波書店（岩波新書新赤版）／2015年10月
2100年の世界地図：アフラシアの時代／峯陽一著／岩波書店（岩波新書新赤版）／2019年8月
13歳からの大学講義：Beyond SDGs!―法政大学人間環境学部・サステイナビリティ・ブックレット；2／法政大学人間環境学部 編／公人の友社／2022年2月
集団的自衛権と安全保障／豊下楢彦著;古関彰一著／岩波書店（岩波新書新赤版）／2014年7月
オリンピックに勝つ物理学：「摩擦」と「抵抗」に勝機を見出せ!／望月修著／講談社（ブルーバックス）／2012年7月
まるわかり!日本の防衛：はじめての防衛白書／防衛省大臣官房広報課防衛白書事務室著／日経印刷全国官報販売協同組合／2023年8月
まんがで読む防衛白書 平成25年版／防衛省著;山田典子著;梅田岳定著;黒澤雅則イラスト／防衛省／2014年3月
みんなが知りたい!地球と環境がわかる本―まなぶっく／北原義昭;菅澤紀生監修／メイツ出版／2010年7月
英文読解を極める：「上級者の思考」を手に入れる5つのステップ／北村一真著／NHK出版（NHK出版新書）／2023年4月
知っていそうで知らないノーベル賞の話―平凡社新書／北尾利夫著／平凡社／2011年9月
知っていますか、朝鮮学校／朴三石著／岩波書店（岩波ブックレット）／2012年8月
金正恩：恐怖と不条理の統治構造／朴斗鎮著／新潮社（新潮新書）／2018年3月
マダンの児：韓国と日本の空の下で／朴禮和著／ケイビーエス／2018年12月
崩れる政治を立て直す：21世紀の日本行政改革論―講談社現代新書／牧原出著／講談社／2018年9月
十三歳のあなたへ：一九四五・八・七「豊川海軍工廠」の悲劇／牧平興治編著;太田幸市監修;春夏秋冬叢書編／春夏秋冬叢書／2015年1月
十三歳のあなたへ：一九四五・八・七「豊川海軍工廠」の悲劇 改訂版／牧平興治編著;太田幸市監修;春夏秋冬叢書編／春夏秋冬叢書／2015年8月
ブラジル：跳躍の軌跡／堀坂浩太郎著／岩波書店（岩波新書新赤版）／2012年8月
非暴力の人物伝 3／堀切リエ文;押川節生文／大月書店／2018年12月
キング牧師：力強い言葉で人種差別と戦った男―集英社版・学習漫画. 世界の伝記next／堀田あきお漫画;蛭海隆志シナリオ／集英社／2011年2月
10代のうちに考えておきたいジェンダーの話／堀内かおる著／岩波書店（岩波ジュニア新書）／2023年12月
わたしたちの地球環境と天然資源：環境学習に役立つ! 2／本間愼監修;こどもくらぶ編／新日本出版社／2018年5月
わたしたちの地球環境と天然資源：環境学習に役立つ! 4／本間愼監修;こどもくらぶ編／新日本出版社／2018年7月
わたしたちの地球環境と天然資源：環境学習に役立つ! 6／本間愼監修;こどもくらぶ編／新日本出版社／2018年8月
日本史でたどるニッポン／本郷和人著／筑摩書房（ちくまプリマー新書）／2020年2月
修学旅行で行ってみたい日本の世界遺産 5 新版／本田純著;小松亮一著;清野賢司著／岩崎書店／2014年3月

「日本」ってどんな国?：国際比較データで社会が見えてくる／本田由紀著／筑摩書房（ちくまプリマー新書）／2021年10月
「干天の慈雨」と呼ばれた西嶋八兵衛さんの挑戦／本條忠應著／文芸社／2023年9月
ニホン英語は世界で通じる―平凡社新書／末延岑生著／平凡社／2010年7月
かのこちゃんとマドレーヌ夫人／万城目学著／筑摩書房（ちくまプリマー新書）／2010年1月
この世界からサイがいなくなってしまう：アフリカでサイを守る人たち―環境ノンフィクション／味田村太郎文／学研プラス／2021年6月
やんばるの森：世界が注目する南の島／湊和雄写真・文／少年写真新聞社／2018年10月
質問する、問い返す：主体的に学ぶということ／名古谷隆彦著／岩波書店（岩波ジュニア新書）／2017年5月
ナトセンおすすめYA（ヤングアダルト）映画館／名取弘文著／子どもの未来社／2018年7月
20歳からの社会科／明治大学世代間政策研究所編／日本経済新聞出版社／2012年3月
大統領でたどるアメリカの歴史／明石和康著／岩波書店（岩波ジュニア新書）／2012年9月
ヨーロッパがわかる：起源から統合への道のり／明石和康著／岩波書店（岩波ジュニア新書）／2013年12月
国際情勢に強くなる英語キーワード／明石和康著／岩波書店（岩波ジュニア新書）／2016年3月
いまこそ知りたい!みんなでまなぶ日本国憲法 3／明日の自由を守る若手弁護士の会編・著／ポプラ社／2016年4月
ニュースの深層が見えてくるサバイバル世界史―青春新書INTELLIGENCE／茂木誠著／青春出版社／2017年12月
人口激減：移民は日本に必要である／毛受敏浩著／新潮社（新潮新書）／2011年9月
労働組合とは何か／木下武男著／岩波書店（岩波新書新赤版）／2021年3月
難民の?がわかる本／木下理仁著;山中正大イラスト／太郎次郎社エディタス／2023年4月
戦術の本質：戦いには不変の原理・原則がある／木元寛明著／SBクリエイティブ／2017年4月
気象と戦術：天候は勝敗を左右し、歴史を変える／木元寛明著／SBクリエイティブ／2019年7月
オシムからの旅／木村元彦著／イースト・プレス（よりみちパン!セ）／2011年12月
オシムからの旅／木村元彦著／理論社（よりみちパン!セ）／2010年2月
EU崩壊／木村正人著／新潮社（新潮新書）／2013年11月
山川詳説世界史図録／木村靖二監修;岸本美緒監修;小松久男監修／山川出版社／2014年3月
山川詳説世界史図録 第2版／木村靖二監修;岸本美緒監修;小松久男監修／山川出版社／2017年1月
英語で学ぶカーネギー「人の動かし方」―講談社現代新書／木村和美著／講談社／2020年6月
二〇世紀の歴史／木畑洋一著／岩波書店（岩波新書新赤版）／2014年9月
食物連鎖の大研究：いのちはつながっている!：しくみから環境破壊による危機まで／目黒伸一監修／PHP研究所／2011年7月
音読で外国語が話せるようになる科学：科学的に正しい音読トレーニングの理論と実践／門田修平著／SBクリエイティブ／2020年3月
外国語を話せるようになるしくみ：シャドーイングが言語習得を促進するメカニズム／門田修平編著／SBクリエイティブ／2018年5月
ハングルの誕生：音から文字を創る―平凡社新書／野間秀樹著／平凡社／2010年5月
韓国語をいかに学ぶか：日本語話者のために―平凡社新書／野間秀樹著／平凡社／2014年6月
登り続ける、ということ。：山を登る 学校を建てる 災害とたたかう―ヒューマンノンフィクション／野口健著／学研プラス／2021年5月
「超」英語独学法／野口悠紀雄著／NHK出版（NHK出版新書）／2021年3月
日本経済入門―講談社現代新書／野口悠紀雄著／講談社／2017年3月
世界経済入門―講談社現代新書／野口悠紀雄著／講談社／2018年8月
ほんとうにあった戦争と平和の話／野上暁監修／講談社（講談社青い鳥文庫）／2016年6月
10代からのSDGs：輝く心と学ぶ喜びを／野田将晴 著／髙木書房／2022年4月

子どもが教育を選ぶ時代へ／野本響子著／集英社（集英社新書）／2022年2月
はじまりの数学／野﨑昭弘著／筑摩書房（ちくまプリマー新書）／2012年10月
よくわかる再生可能エネルギー：地球と人にやさしい発電&節電&省エネ社会／矢沢サイエンスオフィス編著／学研教育出版／2012年2月
戦いで読む日本の歴史 3／矢部健太郎監修;sonio 絵／教育画劇／2017年2月
戦いで読む日本の歴史 1／矢部健太郎監修;sonio 絵／教育画劇／2017年4月
戦いで読む日本の歴史 2／矢部健太郎監修;sonio 絵／教育画劇／2017年4月
戦いで読む日本の歴史 4／矢部健太郎監修;sonio 絵／教育画劇／2017年4月
戦いで読む日本の歴史 5／矢部健太郎監修;sonio 絵／教育画劇／2017年4月
日本のすがた：表とグラフでみる：日本をもっと知るための社会科資料集 2012／矢野恒太記念会編／矢野恒太記念会／2012年3月
日本のすがた：表とグラフでみる社会科資料集 2014／矢野恒太記念会編集／矢野恒太記念会／2014年3月
日本のすがた：日本をもっと知るための社会科資料集 2017／矢野恒太記念会編集／矢野恒太記念会／2017年3月
日本のすがた：日本をもっと知るための社会科資料集 2018／矢野恒太記念会編集／矢野恒太記念会／2018年3月
日本のすがた：日本をもっと知るための社会科資料集 2019／矢野恒太記念会編集／矢野恒太記念会／2019年3月
日本のすがた：日本をもっと知るための社会科資料集 2020／矢野恒太記念会編集／矢野恒太記念会／2020年3月
日本のすがた：日本をもっと知るための社会科資料集 2021／矢野恒太記念会編集／矢野恒太記念会／2021年3月
日本語の宿命：なぜ日本人は社会科学を理解できないのか／薬師院仁志著／光文社／2012年12月
小学校からの英語教育をどうするか／柳瀬陽介著;小泉清裕著／岩波書店（岩波ブックレット）／2015年3月
いのちと環境：人類は生き残れるか／柳澤桂子著／筑摩書房（ちくまプリマー新書）／2011年8月
原爆：私たちは何も知らなかった／有馬哲夫著／新潮社（新潮新書）／2018年9月
SDGs 人権編：貧困、差別、不平等、難民、戦争…：世界が抱える人権問題に向き合おう：キミならどう解決する？一子ども教養図鑑／由井薗健監修;粕谷昌良監修;小学校社会科授業づくり研究会著／誠文堂新光社／2023年10月
湿地の大研究：生きものたちがたくさん！：役割から保全の取り組みまで／遊磨正秀監修／PHP研究所／2011年5月
独裁の中国現代史：毛沢東から習近平まで／楊海英著／文藝春秋（文春新書）／2019年2月
「慰安婦」問題ってなんだろう？：あなたと考えたい戦争で傷つけられた女性たちのこと―中学生の質問箱／梁澄子著／平凡社／2022年1月
英語の瞬発力をつける9マス英作文トレーニング：英語思考を育てる科学的口頭練習／林一紀著／SBクリエイティブ／2018年9月
宇宙就職案内／林公代著／筑摩書房（ちくまプリマー新書）／2012年5月
科学技術大国中国：有人宇宙飛行から原子力、iPS細胞まで／林幸秀著／中央公論新社／2013年7月
最悪な未来：キミの行動が未来を変える！／林壮一監修／文研出版／2023年2月
大学入試数学不朽の名問100：大人のための"数学腕試し"／鈴木貫太郎著／講談社（ブルーバックス）／2021年4月
子どもにおくる私の心にのこる話／鈴木喜代春他・編／らくだ出版／2010年11月
日本はなぜ原発を輸出するのか―平凡社新書／鈴木真奈美著／平凡社／2014年8月
TPPで暮らしはどうなる？／鈴木宣弘著;天笠啓祐著;山岡淳一郎著;色平哲郎著／岩波書店（岩波ブックレット）／2013年7月

アメリカは日本の原子力政策をどうみているか／鈴木達治郎編；猿田佐世編／岩波書店（岩波ブックレット）／2016年10月
みんなが知りたい!世界と日本の戦争遺産：戦跡から平和を学ぶ本 新版―まなぶっく／歴史学習研究会著／メイツユニバーサルコンテンツ／2021年6月
みんなが知りたい!世界と日本の戦争遺産：戦跡から平和を学ぶ本―まなぶっく／歴史学習研究会著／メイツ出版／2017年6月
13歳からの拉致問題：弟と家族の物語-13歳からのあなたへ／蓮池透著／かもがわ出版／2013年2月
領土問題をどう解決するか：対立から対話へ―平凡社新書／和田春樹著／平凡社／2012年10月
望郷の鐘：中国残留孤児の父・山本慈昭／和田登作；和田春奈絵／しなのき書房／2013年8月
さとやま：生物多様性と生態系模様―〈知の航海〉シリーズ／鷲谷いづみ著／岩波書店（岩波ジュニア新書）／2011年6月
〈生物多様性〉入門／鷲谷いづみ著／岩波書店（岩波ブックレット）／2010年6月
にっぽん自然再生紀行：散策ガイド付き／鷲谷いづみ著／岩波書店（岩波科学ライブラリー）／2010年4月
ショパン：花束の中に隠された大砲／崔善愛著／岩波書店（岩波ジュニア新書）／2010年9月
希望、きこえる?：ルワンダのラジオに子どもの歌が流れた日／榮谷明子著／汐文社／2020年6月
大人は知らない今ない仕事図鑑100／澤井智毅監修；上村彰子構成・文；「今ない仕事」取材班構成・文；ボビコ漫画・イラスト／講談社／2020年8月
非暴力の人物伝 4／濱野京子著；たからしげる著／大月書店／2019年2月
非暴力の人物伝 5／濱野京子著；寮美千子著／大月書店／2019年3月
21世紀はどんな世界になるのか：国際情勢、科学技術、社会の「未来」を予測する／眞淳平著／岩波書店／2014年4月
世界の国1位と最下位：国際情勢の基礎を知ろう／眞淳平著／岩波書店（岩波ジュニア新書）／2010年9月
地図で読む「国際関係」入門／眞淳平著／筑摩書房（ちくまプリマー新書）／2015年8月
ラーゲリ犬クロの奇跡／祓川学作；田地川じゅん絵／ハート出版／2023年7月
兵隊さんに愛されたヒョウのハチ／祓川学作；伏木ありさ絵／ハート出版／2018年6月
正義ってなんだろう＝What does justice mean?：自分の頭で考える力をつける／齋藤孝 著／リベラル社／2022年9月
家族はチームだ!もっと会話しろ：日本のいいところを知っておこう／齋藤孝著／PHP研究所（齋藤孝のガツンと一発文庫）／2010年1月
植民地朝鮮と日本／趙景達著／岩波書店（岩波新書新赤版）／2013年12月
まんが四賢婦人物語：時代を切り開いた矢嶋家の人々／齊藤輝代構成・原作；瀧玲子漫画;はらからの会監修／益城町／2019年8月
勇敢な日本経済論―講談社現代新書／髙橋洋一；ぐっちーさん著／講談社／2017年4月
アボリジナル・アートはじまりの物語：若き美術教師と先住民の人々が生んだ奇跡／髙松真理子絵・文／幻冬舎メディアコンサルティング；幻冬舎／2023年10月
時代を切り開いた世界の10人：レジェンドストーリー 2／髙木まさき監修／学研教育出版／2014年2月
楽しく調べよう!身近な国際交流 上巻／あかつき教育図書／2022年2月
楽しく調べよう!身近な国際交流 下巻／あかつき教育図書／2022年3月
職場体験完全ガイド 56／ポプラ社／2018年4月
川ナビブック：めざせ!川博士 3／教育画劇／2010年4月
日本のすごい島調べ事典 1(島と領土問題)／教育画劇／2014年2月
世界の歴史 16／小学館（小学館版学習まんが）／2018年12月
英語で学ぶEU＝Let's explore Europe!：日本語対訳付き 第2版／駐日欧州連合代表部／2015年10月
まんがで読む防衛白書 平成26年版／防衛省／2015年3月

中高生のための国際理解を深める本
ヤングアダルトBOOKS 4

2025年3月31日　第1刷発行

発行者	道家佳織
編集・発行	株式会社ＤＢジャパン 〒151-0073 東京都渋谷区笹塚1-5-1
電話	03-6304-2431
ファクス	03-6369-3686
e-mail	books@db-japan.co.jp
装丁	ＤＢジャパン
電算漢字処理	ＤＢジャパン
印刷・製本	大日本法令印刷株式会社

不許複製・禁無断転載
〈落丁・乱丁本はお取り換えいたします〉
ISBN 978-4-86140-588-4
Printed in Japan